温州市委政策研究室 2014 年度优秀课题成果

产业融合视域下的瓯菜资源开发研究

张海琼／著

浙江工商大學出版社
ZHEJIANG GONGSHANG UNIVERSITY PRESS

图书在版编目(CIP)数据

产业融合视域下的瓯菜资源开发研究 / 张海琼著. —杭州 ：浙江工商大学出版社，2015.6
ISBN 978-7-5178-1141-1

Ⅰ. ①产… Ⅱ. ①张… Ⅲ. ①饮食一文化一关系一旅游业发展一研究一温州市 Ⅳ. ①TS971②F592.755.3

中国版本图书馆 CIP 数据核字(2015)第 132428 号

产业融合视域下的瓯菜资源开发研究

张海琼 著

责任编辑 王黎明
封面设计 王好驰
责任印制 包建辉
出版发行 浙江工商大学出版社
(杭州市教工路 198 号 邮政编码 310012)
(E-mail:zjgsupress@163.com)
(网址:http://www.zjgsupress.com)
电话:0571-88904980,88831806(传真)
排　　版 杭州朝曦图文设计有限公司
印　　刷 浙江云广印业股份有限公司
开　　本 710mm×1000mm 1/16
印　　张 11.25
字　　数 173 千
版 印 次 2015 年 6 月第 1 版 2015 年 6 月第 1 次印刷
书　　号 ISBN 978-7-5178-1141-1
定　　价 30.00 元

浙江工商大学出版社营销部邮购电话 0571-88904970

前　　言

进入 21 世纪，围绕温州的众多光环逐渐暗淡，曾经享誉全球的“温州模式”逐渐被人们淡忘，唯有“温州人精神”一直指引着我们创新、前进。2014 年，温州市政府从本质、精髓、基石、条件的理论角度高度概括了“温州模式”，并指出要坚持和发展“温州模式”，继续撰写温州创新史。温州再创辉煌需要突破口，寻找破茧重生的“星星之火”成了眼下我们迫切需要解决的问题。正是基于这样的思考，本书展开了对瓯菜的研究。瓯菜是温州人自己的“菜”，瓯菜文化是带有温州特色的地域文化，瓯菜发展史是温州发展史中的华丽篇章。瓯菜的创新与突破将是温州创新与突破的重要途径。

温州给别人的印象是“重商轻文”，温州人给人的印象是精明、勤劳、务实，但也包括“土豪”没文化。我们通过对瓯菜资源进行深度开发，挖掘温州传统文化，用铿锵有力的声音告诉别人，温州是一座历史文化底蕴非常深厚的城市，温州人除有钱外还有文化。因此，应将传统文化挖掘寄希望于文化立市、文化强市，增加温州文化软实力，提升城市文化竞争力。

随着收入增加，消费水平提高，消费结构升级，居民对“吃”的要求升级，不仅要“吃”的好，还要吃出文化、吃出健康。瓯菜发展有着 3000 年左右的历史，堪称“浙南满汉全席”，富含文化内涵。瓯菜烹饪轻油轻芡、原汁原味，符合健康养生理念。时下温州进行“时尚之都”建设，瓯菜作为时尚必不可少的一分子，必能助力温州时尚产业发展，为新常态下温州赶超发展添油加力。

温州文化产业和旅游产业的融合潜力和发展空间巨大。产业融合视角下的瓯菜资源开发，丰富了温州旅游产品结构，满足了旅游者多元化体验性旅游需求，增加了旅游目的地吸引力，突破了温州旅游业发展面临的新瓶颈，是促进温州市旅游产业转型升级和持续发展的有效手段。

基于上述三方面的考虑，发展瓯菜文化旅游有着战略意义。本书首先介绍了瓯菜发展的历史脉络和瓯菜开发利用的现状及问题，这有助于我们客观、正确认识瓯菜及瓯菜文化的价值；其次，从产业融合理论角度分析文化产业和旅游产业融合机理、路径、模式，为瓯菜文化旅游开发铺垫了理论基础和可行性研究；再次，探讨温州瓯菜文化旅游发展的目标、任务和思路，确定文化旅游综合体、中国瓯菜名城文化产业园模式等，规划其空间布局；最后，通过策略研究，实现对瓯菜文化旅游落地的重要保障。

本书系温州市委政策研究室2014年优秀课题“温州文化软实力提升角度的瓯菜旅游资源开发利用研究”（编号：20140417）（已结题）的研究成果。在研究过程中，课题组组织调查小组深入温州市商务局、温州市饭店与餐饮协会、温州技师学院、温州华侨中学、21家瓯菜餐饮企业一线调研，走访多位瓯菜大师和70多位厨师。本书的撰写得到温州市委市政府接待办、温州市委政策研究室、温州市商务局的大力支持，同时也得到了许多同志的支持、帮助，在写作过程中参考了一些专家和学者的研究成果，在此一并表示感谢。文化旅游产业融合以及瓯菜文化旅游发展的规划和建设，涉及大量的理论和现实问题，本书仅仅是对问题的初步探索，问题和缺陷在所难免，不妥之处恳请专家学者批评指正。

目　　录

第一章

导 论

第一节 选题的背景和意义

一、研究背景

(一)国家重视优秀传统文化的背景

习近平总书记指出:“要加强对中华优秀传统文化的挖掘和阐发,努力实现中华传统美德的创造性转化、创新性发展,把跨越时空、超越国度、富有永恒魅力、具有当代价值的文化精神弘扬起来,把继承优秀传统文化又弘扬时代精神、立足本国又面向世界的当代中国文化创新成果传播出去。”有专家指出,培育和弘扬社会主义核心价值观,必须立足中华优秀传统文化。[①]对一个国家而言,优秀传统文化是民族精神的基因;对一个城市而言,优秀传统文化是城市的精神食粮。自改革开放以来,中国坚持以经济建设为中心,目前我国的物质文明已经得到一定程度的发展。在当下较为充裕的物质条件之下,国民素质与道德培养,也就是精神文明建设已成为当务之急。构建城市精神食粮、挖掘城市精神资源是城市文化建设、精神文明建设、践行社会主义核心价值观的关键所在。“民以食为天”,饮食作为人类社会赖以生存和发展的物质基础和重要保障,与国民联系紧密。饮食文化反映了饮食活动过程中饮食品质、审美体验、情感活动、社会功能等所包含的独特

① 居欣如:《挖掘传统文化优秀价值观基因》,《文汇报》2014-5-16。

文化意蕴，也反映了饮食文化与中华优秀传统文化的密切联系。饮食文化作为中国优秀传统文化的组成部分，越来越显示出其重要的价值，研究者也日益增多。

(二)国务院关于加快旅游业、产业融合发展的背景

2009年5月国务院《关于加快发展旅游业的意见》提出要把旅游业培育成为国民经济战略性支柱产业和人民群众更加满意的现代服务业。两大战略性目标实施，迎来了旅游业蓬勃快速发展时期。我国旅游业在国际国内市场开发、产业体系建设、产业功能释放、体制机制创新等各个方面都取得了显著突破，产业规模不断扩大，产业体系日趋完善，这奠定了我国旅游业以国民大众旅游消费为主体、国际国内旅游协调发展、世界旅游大国的格局。

同时，旅游产业是兼具经济和社会功能、资源消耗低、带动系数大、综合效益好的综合性产业。高新技术的快速发展和扩散，使得原本分工细化的一些产业边界逐渐模糊，产业之间互通互融成为一种新常态下的新业态。如经济学家们所研究的一样，这种新业态成为拉动经济的新的增长点的现象被称为“产业融合”。旅游餐饮已经是不可分割的联合体，为了更好地开发内涵丰富的旅游产品，联合体还需与其他产业进行融合，以拓展其发展空间。

国务院颁布的《国务院关于推进文化创意和设计服务与相关产业融合发展的若干意见》提出了七大重点任务，其中包括“提升旅游发展文化内涵”。随之，文化部又发布《关于贯彻落实〈国务院关于推进文化创意和设计服务与相关产业融合发展的若干意见〉的实施意见》，对文化与旅游业融合发展提出具体要求。将文化产业与旅游产业融合发展作为未来旅游发展的一个重要方向，是旅游产业融合发展首次出现在国家战略层面。

因此，大力推进旅游与文化、农业、工业、商业等八大相关产业的融合发展，就成为我国增加旅游文化内涵、培育旅游消费热点的重要举措。产业融合已成为时代发展背景下必然趋势，旅游产业也应根据自身特点，结合旅游消费需求的变化特征，为突破旅游产业发展遭遇的瓶颈做出重要决定。

(三)浙江省文化产业大发展大繁荣的背景

在深化文化体制改革，推动社会主义文化大发展大繁荣的背景下，文化

产业发展已成为国民经济的新增长点和经济转型升级的新引擎，浙江省正以探索具有浙江特色的文化产业发展路径研究，发展文化产业，促进经济结构调整和转型升级。随着人类社会物质文明和精神文明的不断发展，饮食也变得不仅仅是简单地满足人类最低层次的"果腹"的需求。于是人们围绕着饮食展开了一系列人与人、人与物、人与环境、人与组织之间的活动，成为礼仪、民俗、禁忌、社会交往和文化符号象征，产生了饮食文化，它包括食物的生产和制作、饮食行为和习惯、饮食器具、饮食礼仪等，其中蕴含了物质文明和精神文明两方面的内容。温州菜又称"瓯菜"，与杭帮菜、宁波菜、绍兴菜并称为浙菜系的四大流派。瓯菜具有浙菜的共性，但又自成一体，别具一格，特色鲜明，名菜名点繁多。温州饮食文化是中国传统饮食文化的重要组成部分。近年来，随着国家保护传承优秀传统文化和发展文化产业的政策实施，人们越来越重视对餐饮文化的开发和保护。浙江省政府颁布了《关于振兴浙菜加快发展餐饮业》，温州市政府随即出台了《关于印发振兴瓯菜加快发展餐饮业重点任务分解方案》(温政办〔2013〕142 号)。温州市政府一方面着力将瓯菜打造成为非物质文化遗产，提升瓯菜文化的内涵和价值，加快以瓯菜为代表的温州餐饮业的发展，另一方面充分挖掘和整合、开发利用包括瓯菜在内的文化资源，这都有利于温州文化产业和旅游产业的融合发展，提升城市文化软实力，增强在新形势下的温州城市竞争力等问题。

(四)温州面临社会经济转型升级的背景

温州，是浙江东南沿海一座历史悠久的港城。曾经，"全国最富有的城市""民间资金集散地""中国经济的风向标"等荣誉长期围绕温州。进入 21 世纪以后，温州的经济发展明显感觉到动力不足、结构失衡，改革开放初期形成的先发优势逐步丧失，即便与省内其他城市相比，经济的增速、发展的质量也都居后。2008 年金融危机、2010 年民间借贷风波连续爆发，温州的经济形势雪上加霜。温州经济发展到了瓶颈期，产业转型升级迫在眉睫。2014 年温州市委十一届七次全会确定了温州市发展时尚产业、建设时尚之都的战略部署，其中将"东方时尚岛"定位为引领温州时尚之都建设的新龙头和发展极，以促进温州社会经济发展和转型。美食从来都是时尚的座上客，餐饮产业是时尚产业的重要构成。从全球号称"时尚之都"的城市巴黎、米兰、纽约、东京、伦敦、首尔等来看，时尚离不开美食。人们从"吃什么东西”转到“怎样吃东西”，其实是饮食从果腹到愉悦精神的跨越，彰显时尚。美食为时尚提供载体，时尚为美食提升品位。

二、研究意义

（一）理论创新意义

完善旅游产业融合理论基础：本书对国内外旅游产业和文化产业的研究成果进行了梳理、归纳、总结，借助产业融合理论，研究文化产业与旅游产业融合的可行性。由此深入，对文化产业与旅游产业融合发展的融合机理、路径进行探究，并在此基础上设计出文化产业与旅游产业的融合发展模式，以此来丰富和完善旅游产业发展的理论基础。笔者希望通过本书对文化产业和旅游产业融合发展的研究，学习和继承前人研究成果，为后人研究活动做铺垫。

完善瓯菜文化理论研究：翻阅有关瓯菜典籍，发现在享受瓯菜美味视觉与味觉的同时，很遗憾温州对于瓯菜民俗餐饮文化、瓯菜文化内涵挖掘、瓯菜文化旅游产业融合、瓯菜文化旅游资源开发利用等方面的研究极少，尤其从产业融合角度、提升角度进行研究的成果极少，且现有研究的理论深度不够，成果形式单一。

瓯菜历史悠久、文化内涵丰富，瓯菜是温州的文化符号。“瓯菜”及其文化，既是温州文化软实力和文化旅游产业发展的大文章，也是温州经济社会发展的强有力的推动力量。以文化提升旅游的内涵质量，以旅游扩大文化的传播消费，以融合发展拓展旅游产业发展空间，实现文化产业与旅游产业相互促进、共同发展，是摆在我们面前现实而迫切的任务。研究瓯菜文化旅游产业融合既有助于瓯菜本身文化挖掘，又有助于为新产业产生壮大奠定理论基础，指导实践活动开展。

（二）实践应用意义

创新菜品、提升“吃”的品质，是餐饮企业提升企业核心竞争力的一把宝剑。同时，在快节奏的社会生活步伐中，企业发展往往着眼于眼前的经济利益而忽视长远文化内涵的提升。面对外来饮食不断冲击，许多餐饮老字号逐渐衰退，一些饮食习俗、饮食节庆也被快节奏生活慢慢地冲淡，甚至退出老百姓的视线。饮食文化衰退和变迁，引起了学界学者的注意。总体上而言，饮食文化研究仍停留在“大饮食”“大文化”“大中国”层面上，对作为地域性饮食文化的温州饮食文化系统性的研究几乎没有，绝大多数的研究仅仅是停留在烹饪技法层面。而一些报刊关于饮食方面的报道也仅仅是对人物、企业、事件的通俗介绍，而非学术研究。目前，饮食与文化研究处于分离阶段的特点较明显，促进两者融合要深入了解温州城市发展历程、社会经济发展、特有的民俗民风、瓯菜餐饮业发展状况等，综合运用人文历史、经济管理等学科对温州饮食文化的起源和发展求索，这对温州饮食文化的特点和价值探寻，对温州饮食文化资源的保护和利用都有着重要的意义。因此，研究温州饮食文化是探究具有温州特色文化的一项重要任务。

瓯菜属浙江菜系四大流派之一，记忆了温州人丰富的乡韵和乡愁，瓯菜文化是温州乃至浙江文化的重要内容。瓯菜振兴工程急需加强瓯菜文化挖掘、品牌建设、菜品创新、经营方式创新等工作，瓯菜有待走出去、推开来，被广大社会公众认识并认可。

推动瓯菜文化与旅游业融合，不单单要振兴瓯菜餐饮企业，重塑瓯菜风采，而是做大做强旅游业的重要思路与方向。由此而产生的文化旅游产业，势必在经济社会发展中成为最具有活力的新兴产业之一，成为新的经济增长点。

综上所述，这些都为本研究提供了巨大的空间。

第二节　研究思路及内容

一、研究思路

本书以产业融合与瓯菜开发的相关理论为基础，按照理论研究和实践研究并行的两线思路同步进行，用理论研究指导实证研究，同时用实证研究映射理论研究。

(一)立足产业融合理论的研究思路

本书以“产业融合”为整篇文化的理论支撑，以“文化产业”和“旅游产业”融合发展为切入点，着重对“文化产业”“旅游产业”“产业融合”以及“文化产业与旅游产业融合”等基本概念进行归纳和界定，从文化产业与旅游产业融合角度开发和利用瓯菜资源，以此为基础探讨文化产业与旅游产业融合发展模式下瓯菜开发利用的具体模式、项目、对策体系。

(二)立足瓯菜开发的研究思路

本研究以瓯菜为整体对象,通过调研了解瓯菜作为文化资源开发利用的现状、作为旅游资源开发利用的现状、瓯菜发展的产业政策、瓯菜文化旅游开展的情况,分析瓯菜文化旅游产业发展的特色与存在问题,提出了文化产业与旅游产业互通互融的发展模式:文化旅游综合体开发模式、文化产业园模式、旅游创意空间模式、创意场馆休闲模式、创意旅游商品模式、瓯菜文化旅游节庆模式、文化旅游演艺模式,并应用于瓯菜文化旅游建设项目。最后提出促进瓯菜文化旅游产业融合发展的政策保障研究。

二、研究内容

基于上述的研究思路,本书研究框架可以概括为“两线”“两面”“九章节”,如图 1-1 所示。

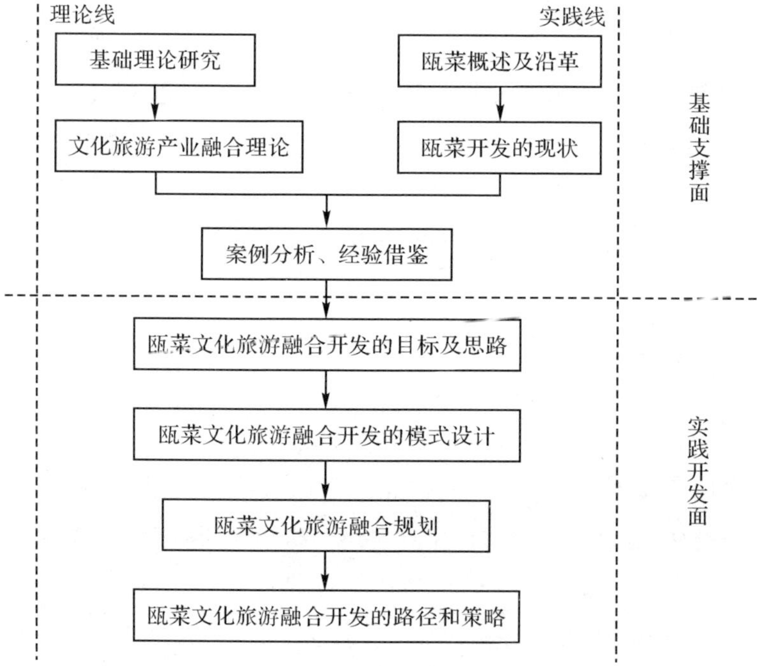

图 1-1　研究思路及内容

(一)“两线”

本书以“产业融合”和“文化旅游产业”为理论线,深入研究文化产业和旅游产业融合的机理、路径、模式;以“瓯菜概述及沿革”“瓯菜开发现状”为实践线，深入研究瓯菜文化旅游开发的目标思路、模式设计、项目开发、路径对策。按照理论线和实践线并行的思路“两条腿”同步进行，用理论研究指导实践研究，同时用实践研究映射理论研究。

(二)“两面”

本书以理论研究基础、瓯菜资源基础、两者融合的案例分析为瓯菜开发的基础支撑层面，开展瓯菜开发目标思路、模式设计、项目规划、路径对策为实践开发层面。基础支撑面为实践开发面铺垫，实践开发面为基础支撑面提升。

(三)“九章节”

本书分九个章节构建整个框架，力图使框架结构与分析模式有比较强的逻辑性与内在的合理性，体现一种清晰的逻辑思路，体现理性归类与发现问题、解决问题有机统一的一种努力。

第三节　研究方法及创新

一、研究方法

(一)文献分析法

本书在理论探索阶段和研究方向确定阶段，以文献阅读法为主要研究方法，对基础旅游学、产业经济学交叉学科的文献资料进行有效的整合并深入思考，以历史纵深的眼光，将研究对象置于比较宏观、广阔的背景下，进行多面解读从而确定本研究的主要方向和研究内容。

(二)调查研究法

本书系温州市委政策研究室2014年课题“温州文化软实力提升角度的瓯菜旅游资源开发利用研究”(编号：20140417)的研究成果。在研究过程中，课题组组织调查小组深入温州市商务局、温州市饭店与餐饮协会、温州技师学院、温州华侨中学、21家瓯菜餐饮企业一线调研，走访多位瓯菜大师和70多位厨师。具体工作安排：(1)参与调研人员主要由市接待办和浙江工贸职业技术学院师生联合组成。(2)确定研究以“文化产业和旅游产业融合”为基础理论。(3)确定“瓯菜文化旅游的资源、发展现状、瓯菜资源开发利用路径”为基本思路。(4)调研方案根据不同的调研对象罗列调研提纲，调研方法以问卷调查和访谈为主。

调研具体对象有:(1)外地来温旅游者,以问卷填写形式获取外地来温旅游者对瓯菜的知晓程度以及瓯菜品牌建设和宣传推广程度等信息。本次问卷调查采用外地赴温旅游团队抽样的取样方法,在温州雁荡山、楠溪江、江心屿景区旅游过程中,以“当场完成,当场检查,当场回收”的方式发放问卷。问卷发放100份,回收有效问卷97份,无效3份。(2)温州本地居民,以问卷填写形式获取本地居民对瓯菜的知晓程度、瓯菜品牌建设、宣传推广程度以及建设建议等信息。本次问卷调查采用偶遇抽样的取样方法,在温州公园、银行、社区等地,以“当场完成,当场检查,当场回收”的方式发放问卷。问卷发放207份,回收有效问卷202份,无效5份。(3)对重点调研的21家企业的81名厨师进行问卷调查,主要对职业认同感进行数据收集。(4)名师名家,如潘晓琳、周雄、姚荣生等大师,以访谈形式获取名师名家对瓯菜发展历史、瓯菜技艺的继承和保护、瓯菜菜品创新、瓯菜市场需求等信息。(5)温州市饭店和餐饮协会、商务局等组织,以访谈形式获取瓯菜发展现状、推广程度、品牌建设等。(6)餐饮企业,如温州香格里拉大酒店等6家星级饭店和瓯宴主题餐馆等15家,以问卷填写和访谈形式获取餐饮企业经营状况、连锁经营管理现状、菜品创新、推广、宣传和品牌建设情况等信息。(7)烹饪培训、培养机构,如温州技师学院,以访谈形式获取厨师培养规模人数、瓯菜授课课时、师资力量等信息。(8)专业机构,如瓯菜研究所、瓯菜博物馆(属私人博物馆,筹建中)等,以访谈形式获取瓯菜及瓯菜文化研究情况、研究成果等信息。

这些第一手信息的掌握,汇聚了本领域最新、最前沿的信息和观点,对于瓯菜文化旅游产业融合实践体系的建立和发展提供了重要的观点支撑和实证支持,有效弥补了二手文献的局限与不足。

(三)定性定量结合分析法

在文献综述的基础上,重视定性描述与定量分析相结合的方法。定性研究是在综合相关研究的前提下,对一些概念进行科学的界定和分析;定量分析主要应用在瓯菜发展现状上的数理分析和统计。定量分析能为定性研究提供更具科学性和严谨性的依据。

(四)归纳总结法

在文献综述方面,对所查询到的相关文献进行梳理与归纳,在总结与分析文化产业、旅游产业、产业融合、文化产业与旅游产业融合国内外研究现状的基础上,形成文化产业与旅游产业融合的研究述评,并为相关概念的界定奠定理论基础。

(五)比较研究法

通过对台湾美食与旅游产业融合发展和杭帮菜与文化产业融合发展相比较,能够更好地认识和把握瓯菜、发展瓯菜文化旅游,取得一些有建设性、有借鉴意义的启示。

(六)跨学科研究法

本书将饮食文化与旅游学、经济学相结合,进行了跨学科研究,吸收其他学科的现有研究成果,互为补充,综合研究。

二、研究创新

旅游产业具有产业关联度高、带动性强、惠及面广和可持续发展的突出特点;文化产业则同样以渗透力强、影响力大、受众面广引起政府和旅游企业的兴趣。两大产业同属于国民经济当中的第三产业,两大产业都具有战略性意义,居于重要地位。根据二者要素特征、活动表现和涉及面看,都属于综合性产业,同时二者之间存在天然耦合性及融合前提。因此本书的创新点主要表现在以下方面:

第一,突破了传统旅游研究的思路,在吸收相关学科研究成果的基础上,将产业融合理论运用到旅游产业发展当中,以此实现温州旅游发展瓶颈的突破和产品结构的转型升级,选题较为新颖且紧扣研究热点。

第二,本书在研究文化旅游产业融合模式的基础上,结合瓯菜发展的实际,提出瓯菜文化旅游产业发展模式设计,如文化旅游综合体模式、文化产业园模式、创意旅游空间模式、创意场馆休闲模式、创意旅游商品模式、文化旅游节庆模式、文化旅游演艺模式等,是实现文化旅游产业融合的具体方法、过程、结果的系统化展示。

第三,以文化为灵魂,以旅游地产为载体的文化旅游综合体项目规划是一大创新。此模式在文化旅游领域应用尚属首例,一定会给政府、社会、企业带来一些启示。

第二章

基础理论研究概述

“瓯菜及瓯菜文化”“文化旅游”和“产业融合”是本书研究中最为核心的概念，明确这些概念在本书中的内涵指称极为重要。了解地方菜系的研究现状，对产业融合、文化和旅游产业融合的研究概述，是构成整个研究工作最为基础性的内容。

第一节 相关概念界定

一、瓯菜

瓯菜是浙江菜系的四大流派之一，与杭帮菜、宁波菜(也称甬帮菜)、绍兴菜构成浙江菜。浙江菜，简称浙菜，是我国八大菜系之一。浙江山清水秀，物产丰富佳肴美。浙菜体系，具有悠久历史，品种丰富，菜式小巧玲珑，菜品鲜美滑嫩、脆软清爽，其特点是清、香、脆、嫩、爽、鲜，在中国众多的地方风味中占有重要的地位。浙菜由四个流派所组成，各自带有浓厚的地方特色。杭帮菜历史悠久，自南宋迁都临安(今杭州)后，商市繁荣，各地食店相继进入临安，菜馆、食店众多。杭帮菜制作精细，品种多样，清鲜爽脆，淡雅典丽，是浙菜的主流。宁波菜以“鲜咸合一”，蒸、烤、炖制海味见长，讲究嫩、软、滑，注重保持原汁原味，色泽较浓。绍兴菜富有江南水乡风味，作料以鱼虾河鲜和鸡鸭家禽、豆类、笋类为主，讲究香酥绵糯、原汤原汁，轻油忌辣，汁浓味重，其烹调常用鲜料配腌腊食品同蒸或炖，且多用绍酒烹制，故香味浓烈。温州古称“瓯”，地处浙南沿海，当地的语言、风俗和饮食方面，都自成一体，别具一格，素以“东瓯名镇”著称，温州菜也称“瓯菜”。

目前，学术界、餐饮界、政府对瓯菜的范围界定还没有统一。有些人认为，瓯菜就是海鲜菜；有些人则认为，瓯菜就是在温州市区老百姓家里吃的，尤其是以鹿城区为中心的菜品。以上两种认识存在一定的偏差，对瓯菜的正确认识可从下面几个方面展开：

首先，从发源地域上界定，瓯江是瓯越文化的发祥地。因此，瓯菜应该沿着瓯江流域，西起庆元县（浙闽边境洞宫山西北），东北至丽水城郊附近，向东南经龙泉市、云和县、丽水市、青田县，在这个地域范围内的厨艺品都可以称之为“瓯菜”。

其次，从菜系形成过程和结果看，瓯菜也称“温帮菜”，是指在温州地区，由于当地的地理环境、气候物产、文化传统以及民族习俗等因素的影响，在选料、切配、烹饪等技艺方面，经长期演变而自成体系，具有鲜明的温州风味特色，并为社会所公认的、知名度较高的地方流派。

再次，从具有的显著特征来看，瓯菜有别于杭帮菜的“雅丽”、宁波菜的“咸鲜”、绍兴菜的“浓烈”，有其自身显著特征“清淡”。瓯菜是以海鲜入馔为主，轻油轻芡，重刀工，口味清鲜，淡而不薄，烹调讲究，细巧雅致的菜肴。

综上所述，瓯菜应该是植根于瓯越大地行政区域范围内的、特色鲜明的、知名度较高的菜肴产品，包括以沿海县市区为主的海鲜菜，也涵盖山区和半山区的山珍风味、农家乐餐饮和民俗餐饮。

二、瓯菜资源开发

讨论“瓯菜开发”首先是将瓯菜视作一种资源，拥有资源所具备的普遍性特征。同时，瓯菜更是一种旅游资源，除普遍性特征之外，还具有文化、美学、经济性、地域性、不可替代性、组合性等特征。将瓯菜资源进行开发利用，意在能对旅游者产生吸引力，为旅游业发展做贡献，产生经济效益、社会效益和生态环境效益。

因此，对瓯菜资源的开发利用应从两个层面上进行。从浅层次上理解，瓯菜开发即菜肴本身从种类、烹饪、口味等技术上进行创新和创意，使其菜品体系更加完整，菜品更加多样化，其口味更加符合现代社会人们的需求；从深层次上理解，瓯菜资源开发利用也包括了瓯菜文化资源的利用和开发与瓯菜作为文化旅游资源在旅游产业中的开发利用。

综上所述，本书所定义的瓯菜资源开发，是指将瓯菜作为主体资源，挖掘其文化特征，从旅游开发的视角对其进行开发利用，从而进一步发挥瓯菜的文化旅游功能。这个出发点既有出于对瓯菜文化的传承和保护，又将瓯菜作为旅游资源和消费热点加以利用和培育。

三、文化旅游

对国内学术界产生巨大影响的“文化旅游”研究是 1985 年国内翻译出版的《旅游学——要素·实践·基本原理》一书，此书由美国学者罗伯特·麦金托什、夏希肯特·格波特在 1977 年合作出版，较早提出了“文化旅游”的概念，认为文化旅游“实际上概括了旅游的各个方面，人们可以借助它来了解彼此之间的生活和思想”[①]。而后，1991 年，欧盟委员会跨国欧洲文化旅游研究小组对“文化旅游”的定义是旅游者通过旅游体验追寻真实感和自身意义的一种活动过程，同时这类旅游者的出现势必造成相应的文化消费，即旅游这种社会机制将文化的过程性和产品性联系在一起。文化旅游是一种由旅游消费而带动的文化产品，同时它又是由文化动机带动而参与旅游活动的文化过程。[②] 世界旅游组织对文化旅游的现行解释为：人们想了解彼此的生活和思想时所发生的旅行。[③] 文化是旅游的灵魂，旅游是文化的载体，特色是旅游的生命。文化旅游在一定程度上能够综合各种因素，包括历史、环境、市场、社会背景等诸多方面进行创造。[④] 随着旅游者需求的多元化和旅游业竞争的日益激烈，旅游者越来越注重精神享受与物质满足的结合，旅游活动的发展趋势由观光游览向文化休闲度假转变，文化旅游已成为旅游消费市场上的新动向，并有很大的发展潜力。

四、文化产业

文化产业，这一术语产生于 20 世纪初。文化产业作为一种特殊的文化

---

① 罗伯特·麦金托什、夏希肯特·格波特：《旅游学——要素·实践·基本原理》，蒲红等译，上海文化出版社 1985 年版，第 4 页。

② 冯翔：《欧洲旅游：关于产业发展及组织管理的全新研究》，中国旅游出版社 2009 年版，第 218 页。

③ 张国洪：《中国文化旅游：理论·战略·实践》，南开大学出版社 2001 年版。

④ 金准、庄志民：《区域旅游可持续力分析的修正方案——以安徽龙岗古镇为例》，《旅游学刊》2004 年第 5 期。

形态和特殊的经济形态，社会各界难以把握其本质，同时鉴于国际社会文化背景和行业分类指标体系方面存在差异，造成了对文化产业概念界定的不同表述。1997 年，美国出台的“北美行业分类系统”，把新闻出版、影视、通信和信息四大门类融为一体，形成一个认知文化产业的体系①。同期欧盟主流观点却不一样，在《文化产业报告》中指出，文化产业是基于文化意义内容的生产活动。欧盟界定的文化产业概念的范围比较宽泛，主要包括文学艺术、音乐创作、新闻出版印刷业、广播影视业、音像业和网络业等，除此之外，摄影、体育、艺术拍卖、文化演出等一切具有现代文化内容标识的产品、产业与其他贸易活动也被纳入到文化产业的体系当中②。我国文化产业分类指标体系分为四个层次：文化产品的生产活动、文化产品生产的辅助生产活动、文化用品的生产活动和文化专用设备的生产活动。因此，文化产业是以生产和提供精神产品为主要活动，以满足人们的文化需要为目标的文化意义本身的创作与销售③。狭义上包括文学艺术创作、音乐创作、摄影、舞蹈、工业设计与建筑设计等。也可以从经济性角度理解，文化产业是一种借助生产、流通、消费、再生产，将文化产品转化为文化商品的产业，即文化产业是将文化性因素与经济性因素融合为一体的综合性产业。

五、旅游产业

旅游业作为一项产业是在现代旅游业日益对国家和地区的政治、经济、文化和环境产生重要影响及对经济巨大的贡献后而逐渐被提到产业高度去研究。2009 年国务院 41 号文件将旅游业定位为国民经济的战略性支柱产业，实现了历史性的突破。在马波、张辉、张凌云、程锦、陆林等学者研究的基础上，本研究将旅游产业定义为以旅游资源为依托、以旅游设施为基础、以旅游活动为中心，通过提供旅游产品和服务而满足旅游者各种需求的，促进国民经济发展的战略性综合性产业。

六、产业融合

产业融合是现代产业发展的新特征和新趋势，对社会经济发展影响越

---

① 国际统计信息中心课题组：《国外关于文化产业统计的界定》，《中国统计》2004 年第 1 期，第 52—54 页。

② 芮明杰：《产业经济学》，上海财经大学出版社 2005 年版。

③ 王连文：《各地创新金融模式力促文化产业发展》，《中国文化报》2012-09-20.

来越明显，也已成为时下经济界的热门话题。产业融合是指不同产业或同一产业内不同行业（部门）的相互渗透与交叉，最终融为一体，逐步形成新的产业或增长点的动态发展过程。① 产业融合作为一种经济现象，其突出特征在于新的产业形态的出现或新的经济增长点的形成，在本质上是为了适应产业增长而发生的产业边界的收缩、模糊、消失。②

七、文化产业和旅游产业融合

实现文化产业与旅游产业的融合发展，是提升我国文化软实力、文化产业竞争力、旅游产业持续发展能力的重要战略举措。文化产业与旅游产业之所以能够融合，是因为二者之间存在融合前提：一是二者在产业之间存在一定关联，具有较强的产业关联性；二是二者具有产业融合的市场契合点，即产业由独立发展走向融合发展；三是二者现有业态及其融合后的新业态能满足和提升文化市场和旅游市场的消费需求。③ 因此，本书将文化产业和旅游产业融合的概念界定为：在市场需求、技术进步、资本力量等因素的推动下，文化产业和旅游产业相互交叉、相互渗透融为一体，并逐步形成新的产品（文化旅游产品或旅游文化产品）形式或新的产业形态的动态发展过程。

第二节　地方菜系研究现状

菜系，也称“帮菜”，是指在选料、切配、烹饪等技艺方面，经长期演变而自成体系，具有鲜明的地方风味特色，并为社会所公认的中国的菜肴流派。④ 关于我国八大菜系、十大菜系、十二大菜系，社会各界众说纷纭、纷争不断。不管如何，老百姓和学者们还是习惯用“八大菜系”来表达我国多达数万种的各地风味菜，它们分别是鲁菜、川菜、粤菜、苏菜、闽菜、浙菜、湘菜、徽菜及

---

① 厉无畏：《创意产业导论》，学林出版社 2006 年版。

② 周振华：《信息化进程中的产业融合研究》，《经济学动态》2002 年第 6 期，第 12—14 页。

③ 辛欣：《文化产业与旅游产业融合研究：机理、路径与模式——以开封为例》，河南大学 2013 年硕士学位论文。

④ 蒋英志：《中国八大菜系及第九菜系》，《文化天地》2013 年第 5 期，第 64 页。

各大菜系的地方风味[①],详见表 2-1,图 2-1。

表 2-1 以"中国八大菜系及地方流派"为主题知网搜索的文献数量(单位:篇)

菜系	地方流派
鲁菜(419)	济南菜(20)、胶东菜(13)、孔府菜(50)
川菜(1756)	成都菜(5)、重庆菜(22)、乐山菜(1)、盐帮菜(28)
粤菜(814)	广府菜(2)、潮州菜(89)、江东菜(0)
苏菜(70)	淮扬菜(413)、苏锡菜(6)、徐海菜(1)
闽菜(69)	福州菜(12)、闽南菜(7)、闽西菜(2)
浙菜(23)	杭帮菜(112)、宁波菜(20)、绍兴菜(8)、瓯菜(15)
湘菜(361)	湘江菜(0)、洞庭菜(0)、湘西菜(0)
徽菜(195)	皖南菜(0)、沿江菜(2)、沿淮菜(1)

* 表格系作者根据《中华饮食文化》和知网学术期刊搜索整理而得

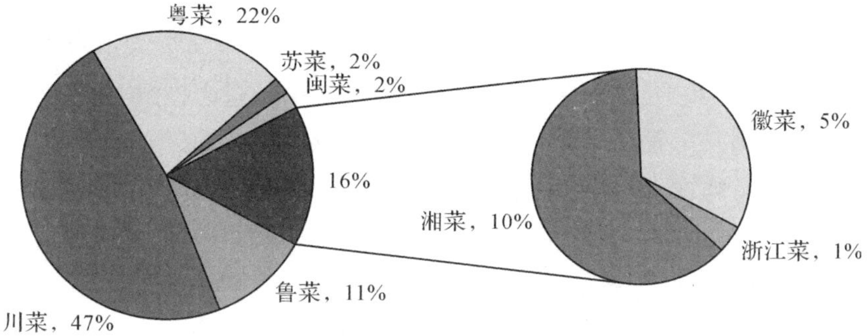

图 2-1 中国八大菜系知网文献数量百分比

除八大菜系以外,其他比较有影响力的菜系及以其名称为主题的知网搜索文献数量分别是:北京菜(82)、天津菜(30)、辽菜(19)、豫菜(98)、鄂菜(75)、赣菜(44)、吉菜(23)、黔菜(57)、滇菜(42)、客家菜(62)、清真菜(122)、台湾菜(32)(搜索时间:2015 年 3 月 11 日)。从搜索结果看,八大菜系中当川菜研究数量最庞大,地方风味构成中以淮扬菜(413)、清真菜(122)、杭帮菜(112)居前三甲。本研究中"地方菜系研究现状概述"以川菜、淮扬菜、杭帮菜为主要对象,以它们现有的研究成果为研究瓯菜发展借鉴经验。

① 吴澎:《中国饮食文化》,化学工业出版社 2013 年版,第 22—40 页。

一、地方菜系文化研究现状

(一)川菜文化研究现状

川菜在“八大菜系”中的地位仅次于鲁菜,川菜以菜品之繁多,花式之新颖,做工之精细,风味之独特,享有“一菜一格,百菜百味”的美誉,在我国烹饪史上占有重要地位,是巴蜀文化的重要组成部分。川菜虽在八大菜系中位居第二,但其影响力和知名度已大大超越了鲁菜。这不仅仅是菜系口味差异化显著的表现,也是川菜文化内涵丰富和积极创新的结果。练红宇、刘婕(2010)认为,川菜文化底蕴深厚,为历代文人墨客所钟爱,川菜创新已经蔚然成风。川菜依托川剧、变脸、杂技、相声等舞台表演形式,融合其他文化共同发展。① 赵岚(2011)认为,在巴蜀文化形态中诸多内容已经独成文化体系,有些甚至被列为世界文化遗产,尽管如此,历史悠久、影响巨大、带有活化石意义的川菜却仍停留在“好吃”的状态。其核心问题是要积极促进川菜由文化资源向文化资本的转化,特别是要将川菜注入文化值,而非仅停留在口腹之欲上。② 张茜(2012)认为,成都被授予“美食之都”的称号,是对成都美食文化尤其是成都川菜文化的充分肯定。③ 杜莉、张茜(2014)认为,应该在政府审批与管理、研究机构设立和资助、申报和传承主体等方面采取种种措施,以促进川菜产业发展和川菜非物质文化遗产的保护发展④。

整体而言,川菜在我国烹饪史上占有重要地位,具有始于东汉末年,繁荣于隋、唐,变革于清乾隆年间的悠久历史。总体具有调味多变,菜式多样,口味清鲜醇浓并重,以善用麻辣著称,并以其别具一格的烹调方法和浓郁的地方风味,融会东南西北各方的特点。川菜已经独成文化体系,被称为中国饮食文化中的“活化石”。具体表现在:第一,川菜文化由多种文化形态融合互动形成。川菜在全国各地备受欢迎,各方游客对川菜喜爱有加,川菜与川

---

① 练红宇、刘婕:《川菜的特色发展与对外融合研究》,《成都大学学报》(社科版)2010 年第 4 期,第 30 页。

② 赵岚:《低碳生活与川菜发展新模式研究》,《中华文化论坛》2011 年第 6 期,第 35 页。

③ 张茜:《成都川菜文化的特点与例证》,《文史杂志》2012 年第 5 期,第 72 页。

④ 杜莉、张茜:《川菜的历史演变与非物质文化遗产保护发展》,《农业考古》2014 年第 4 期,第 279 页。

茶、川酒、川盐等文化形态融合互动已成为巴蜀文化中“名片”式的文化符号。第二，“川菜”品牌已经形成。随着成都“美食之都”的建设发展，更应将品牌与文化推广联系起来。川菜已经成为旅游目的地的强大号召，吸引八方游客，品牌深入人心。开设在世界各地的川菜馆，更为“川菜”的品牌做了深度推广。但川菜文化在川菜产业化发展道路上还未充分发挥作用，川菜的文化资源向文化资本转化还有待进一步努力。

(二)淮扬菜文化研究现状

淮扬菜以其悠久的历史、鲜明的风味特色和显著的文化个性蜚声海内外，成为中国饮食文化史上一颗耀眼的明珠。王娜(2010)认为淮安是淮扬菜的重要发祥地，淮安的饮食习俗具有鲜明的地域特色和丰富的文化内涵，从饮食习俗可以透视出淮安人独特的地域文化性格。[①] 张磊(2010)认为，作为旅游资源的饮食文化只有基于旅游者需求进行开发，才能获得旅游者的认可，只有运用主题化、个性化、多样化、生态化开发策略，才能重振淮扬菜雄风。[②] 侯兵(2011)认为富有深厚文化底蕴和人文内涵的淮扬菜，一直具有很高的社会影响和业内地位，但其企业规模和产业效应却一直处于较低的发展水平。[③] 侯兵、朱敏(2013)认为淮扬饮食文化景观谱系的构建是深度挖掘整理淮扬文化基因，形成系统保护与传承的基础性工作。[④] 王传荣(2013)认为，淮扬菜已经从历史、文化、规范、工艺、原料与器具、名人名菜、健康饮食七大领域构建淮扬菜文化。[⑤] 孟英伟(2014)认为，丰富的饮食文化推动了淮安经济的发展，同时经济的繁荣也带动了饮食文化发展。[⑥]

---

① 王娜:《从饮食习俗透视淮安人的文化性格》,《黑龙江史志》2010 年第 230 期，第 149 页。

② 张磊:《基于旅游需求的饮食文化资源开发——以淮安为例》,《四川烹饪高等专科学校学报》2010 年第 1 期，第 11 页。

③ 侯兵:《文化传承视阈下淮扬菜连锁经营的路径分析》,《扬州大学烹饪学报》2011 年第 3 期，第 41—46 页。

④ 侯兵、朱敏:《淮扬饮食文化景观谱系的构建及其旅游开发价值》,《扬州大学烹饪学报》2013 年第 4 期，第 40—46 页。

⑤ 王传荣:《校企合作弘扬淮扬菜产业的探索和研究——以江苏食品职业技术学院为例》,《哈尔滨职业技术学院学报》2013 年第 5 期，第 4 页。

⑥ 孟英伟:《淮安饮食文化与区域经济发展关系研究》,《区域经济》2014 年第 2 期，第 35—36 页。

淮扬美食衍生于运河文化。与其他菜系不同的是，淮扬菜所包容的文化在地域上远远超越了长江与淮河之间，并在历史长河中横贯上下数千年。淮扬菜从一个侧面佐证了淮扬运河与扬州、淮安的历史渊源，并以其特有的内涵丰富了运河文化。由上述研究可见，学者们没有即文化而言文化，对淮扬菜的文化延伸研究较为深入，具体体现为：第一，淮扬菜文化体系研究上，文化层次更上一层楼，使得淮扬饮食文化体系更为完善，走在其他菜系的前列。第二，注重从促进当地旅游需求角度引导文化为旅游业所运用，在饮食文化应用上研究更加突出。

(三)杭帮菜文化

杭帮菜历史源远流长，最早可追溯到距今1000多年前，五代吴越国和南宋王朝定都杭州。杭州处于整个社会经济文化发展中心，又有着无可比拟的丰富的旅游资源。原有的宫廷菜与这里的民间饮食文化得到了充分交流，吸引大量文人墨客和各方商贾，杭帮菜在南宋达到了鼎盛时期。深厚的城市文化催生着各种雅俗文化共生。在这样的背景下，城市文化与饮食文化互通互融互灵。学者们对杭帮菜的文化研究也已经上升到深层次，比如国际知名度、文化国际交流等。蔡爱国(2002)认为，固然老杭帮菜在中国几千年的历史中已经占据了非常重要的地位，其本身固有的文化因子也成为中国传统文化的不可分割的一个部分，但这所有的荣誉与新杭帮菜并无必然的联系。① 王勇(2010)认为，杭帮菜在原有特色的基础上，紧贴市场，进行新的创造，新的提高，形成了杭州餐饮特有的文化，提高了杭帮菜的文化品位。② 陈洁(2013)认为，菜名是文化的重要载体，菜名翻译对于促进中国饮食文化的传播，促进中外饮食文化的交流具有重要的意义，他也对杭帮菜式命名的文化内蕴与英译方法进行了探讨。③ 钱建伟(2014)认为，杭帮菜应借新技术、新媒体来提升国际知名度。④

---

① 蔡爱国：《杭帮菜来世今生》，《观察与思考》2002年第2期，第11—13页。

② 王勇：《"杭帮菜"品牌发展研究》，《职业》2010年第9期，第114—115页。

③ 陈洁：《杭帮菜式命名的文化内蕴与英译方法探析》，《湖北经济学院学报》(人文社会科学版)，2013年第4期，第136—138页。

④ 钱建伟：《杭帮菜国际传播现状及其媒介发展策略》，《企业经济》2014年第10期，第110—113页。

杭帮菜深受海内外游客的欢迎，如今已经是世界认识和了解杭州的一张金名片。杭州市政府在提出杭帮菜国际化战略之后，杭帮菜的创新发展、理念创新已经走出国门，向全世界推广杭帮菜及其文化。相较其他菜系，杭帮菜已经迈开走出去的步伐，加快国际推广的进程。

二、地方菜系产业融合发展现状

（一）川菜产业融合发展现状

川菜餐饮产业发达，2009 年成都获准加入联合国教科文组织的创意城市网络，并被授予“美食之都”的称号，是亚洲第一个世界“美食之都”。当年，全市拥有特级厨师 2000 余人，国家级烹饪大师近 300 人，餐饮业经营户 6 万多户，从业人员超过 50 万人。[①] 四川省餐饮产业不但规模稳步增长，而且拉动了旅游、食品加工、物流等相关产业的发展。《四川省川菜产业发展规划（2013—2015）》中指出，将进一步完善川菜产业链及产品体系，明确川菜发展的空间布局。四川省提出，将大力发展品牌化、大众化餐饮，拓展现代经营方式，努力开拓国内外市场，培育一批主营业务突出、创新能力强、信息化应用水平高、品牌知名度大、辐射带动作用明显的大型餐饮企业和企业集团，力争全省餐饮收入年均增长 10%以上[②]。练红宇（2010）认为，“美食之都”的殊荣，意味着四川餐饮行业进入新的历史发展阶段，川菜产业开始步入国际化、特色化和专业化加速发展的轨道。但川菜产业的下一步发展，应是加速产业升级，即产业结构进一步优化和产业素质与效率的提高。[③]

以上所述可见，川菜的产业化已经非常发达，在产业融合方面的研究又如何呢？周睿（2010）认为，从设计学角度剖析当前电子信息化趋势将对川菜产业发展产生的重要影响，提出完善基于 Web1.0 的信息架构，进行川菜品牌的 Web2.0 渠道推介，寻找恰当的信息电子终端的载体形式、趋势应用

---

① 王炬：《申报美食之都，成都具有最优越条件》，四川在线 http://sichuan.scol.com.cn/cddt/20090930/2009930114933.htm。

② 《四川省川菜产业发展规划》起草小组：《〈四川省川菜产业发展规划（2013—2015）〉解读》，《四川烹饪高等专科学校学报》2013 年第 4 期，第 40 页。

③ 练红宇、刘婕：《川菜的特色发展与对外融合研究》，《成都大学学报》（社科版）2010 年第 4 期，第 30 页。

映射菜系形象，对接商业与服务模式的应对措施。[①] 康丹（2010）文中提出餐饮旅游的发展对策[②]，王美（2012）文中提到推广互联网技术在餐饮产业中的运用[③]。

从以上研究可见，产业融合实际已经发生。第一，川菜产、供、销一条龙，绿色生态“产业链”是川菜发展的重要策略，餐饮产业与农业、养殖业、物流供应等已经融合。第二，餐饮业发展借助互联网技术、旅游形式载体，进行产品营销、产品形式创新，使其与IT产业、旅游产业的边界打破，进行业态融合。相较川菜的产业融合实际应用，“产业融合”视角的川菜研究略微滞后些。

（二）淮扬菜产业融合发展现状

查阅文献来看，从产业融合角度研究淮扬菜的文献不多，大部分围绕如何利用淮扬菜及文化更好地开发旅游。陈忠明（2000）认为，扬州的一些名菜名点的产业化格局尚未形成，因此要将淮扬菜产业化列为支柱产业重点发展。[④] 陈忠明（2009）首次明确提出建设“淮扬菜集聚区”的说法。[⑤] 王春（2012）认为淮扬菜文化应携运河旅游资源，推进扬州运河文化特色旅游和发展旅游多样化，促进旅游产业可持续发展。[⑥] 侯兵（2013）认为，淮扬饮食文化景观谱系对促进城市旅游资源的深度开发、促进旅游产品内涵拓展具有重要作用，对推进城市旅游转型和推广城市旅游形象等方面也具有重要的价值。[⑦] 王燕（2013）在淮扬菜餐饮产业与淮安旅游产业融合发展现状中

① 周睿：《电子信息化趋势下的川菜产业发展》，《扬州大学烹饪学报》2010年第2期，第56—61页。

② 康丹：《成都旅游餐饮现状与提升策略研究》，四川师范大学2010年硕士学位论文。

③ 王美：《四川餐饮产业竞争力研究》，西南财经大学2012年硕士学位论文。

④ 陈忠明：《浅谈淮扬菜的发展战略》，《扬州大学烹饪学报》2000年第3期，第61—63页。

⑤ 陈忠明：《解读“淮扬菜集聚区”》，《扬州大学烹饪学报》2009年第2期，第21—24页。

⑥ 王春：《关于围绕运河旅游资源谋划扬州旅游业发展之浅见》，《经济师》2012年第1期，第193—194页。

⑦ 侯兵、朱敏：《淮扬饮食文化景观谱系的构建及其旅游开发价值》，《扬州大学烹饪学报》2013年第4期，第40—46页。

描述淮扬菜原料的种植基地有些已经成为乡村旅游、农业旅游产品、延伸淮扬菜餐饮产业链条①。

据文史资料记载，最迟在汉初，淮扬便有了绚丽夺目的天下美食。而从被记载的时间看，它从吴王夫差开凿邗沟始（前486年），历经300多年时间才形成雏形②。淮扬菜大行其道的时间也是始于京杭运河全线贯通（1411年）300多年后的清朝。淮扬美食与运河文化共生关系，无不说明，在很早以前淮扬一带餐饮业就已经和旅游业、休闲娱乐业融合发展了。在这点上，大量的文史记载都可以说明淮扬菜已经在产业融合上走在最前列，可视为最早最成功的"产业融合"案例。

（三）杭帮菜产业融合发展现状

杭帮菜产业化发展道路上，突破了过去单一作坊式经营的框框，通过输出技术、品牌、信誉进行跨区域连锁扩张。杭帮菜目前已经在北京、上海、南京、香港等20多个城市开出连锁菜馆，形成一道亮丽的美食经济风景线。也有学者从遗产保护和人类跨文化交流角度出发，对文化旅游产品的形态、文化资源的旅游开发和文化旅游开发的影响等诸多方面进行研究③。

在中餐追求标准化生产之际，创新杭帮菜——"外婆家"却打破主流和常规，以非标准化的产品，配以非标准化的店面装修进行自主扩张，成为全国餐饮业追逐和模仿的时尚潮流。从产业融合视角分析，"外婆家"已将餐饮、创意、建筑装潢、文化融为一体。杭帮菜博物馆多种创新展览模式的综合运用，成了地方菜系与旅游产业、文化产业、创意产业融合较为典型的例子。

但产业融合还停留在资源整合利用层面上，诸如文化资源如何转化为旅游资源进而实现旅游功能等浅层次的研究，只是文化旅游产业融合的一个方面和外在形式，离真正的产业融合还有一定距离。

---

① 陈燕：《淮扬菜餐饮产业与淮安旅游业融合发展研究》，《才智》2013年第2期，第2页。

② 谭徐明：《衍生于运河文化的淮扬美食》，《中国三峡建设》2007年第22期，第77页。

③ 李静：《非物质文化遗产资源体系旅游融合研究——以"杭帮菜"为例》，《教育研究》2013年第4期，第13—18页。

第三节　产业融合理论研究综述

一、国外研究现状

产业融合是伴随技术变革与扩散过程而出现的一种新经济现象。理论界最早对产业融合进行的定义是在1977年Rosenbery和Amiss的定义，在对美国机器工具产业演化的研究中发现了同一技术向不同产业扩散的现象，并将其定义为“技术融合”[①]，后来学者们的研究中沿用了这个思路。1994年美国电信公司的合并促成了“产业融合”这一概念诞生，产业之间交叉朦胧现象出现。此后，许多学者从各自专业的角度广泛展开对产业融合问题的研究，取得了一些研究成果。由于产业融合现象及其理论研究都在不断发展中，近些年出现了许多新的变化和进展。

关于产业融合类型的研究。Greenstein和Khanna(1997)从技术融合角度看：一是替代性融合，当一项技术能替代另一项技术时即发生了替代性融合；二是互补性融合，当两种技术共同使用比各自单独使用更好时即为互补性融合。[②] 相反地，Stieghtz Nils将上述三种分类标准——产品、市场和技术进行了综合分析，由此便形成了他对产业融合类型的划分：产品替代性融合、产品互补性融合，技术替代性融合、技术互补性融合。[③]

关于产业融合动力的研究。Lee(2000)认为放松管制可以激励和扩展企业技术和商业模式创新的市场边界，降低市场准入壁垒往往可以为该产业带来新产品或新商业模式[④]。Bernd W.(2001)认为产业融合可通过融合

---

① Rosenberg N. Technological Change in the Machine Tool Industry: 1840—1910. The Journal of Economic History, 1963, 23(2): 414—446.

② Greenstein S. And T. Khanna. 1997. What Does Industry Convergence Mean? In Competing in the Age of Digital Convergence, ed. D. Yoffie, 201—226. Boston: Harvard Business School Press.

③ Stieglitz N. Industry Dynamics and Types of Market Convergence. Paper to be presented at the DRUID Summit Conference on “Industry Dynamics of the New and Old Economy—Who is embracing whom”Copenhagen, 2002.

④ Lei, D. T. 2000. Industry Evolution and Competence Development: The Imperatives of Technological Convergence. International Journal of Technology Management, 19(7—8): 699—738.

后的新产品和新服务来满足人们对更高层次消费品的市场需求和心理需求。[①]

关于产业融合效应的研究。Pennings 和 Puranam(2001)认为已知的、累积性发展技术的融合可以带来高突破性特征的创新,有助于理解新兴产业突破。[②] Hackler 和 Jopling(2003)认为技术融合的效应可被视为现有商业模式的碰撞,即企业间现有技术解决方案概念的突然重叠,引起累积性的竞争环境,从而形成新型竞争协同关系。[③] Hacklin 等(2010)认为由于技术融合可能会破坏企业现有的价值,融合现象要求企业在仔细规划之前就必须采取有效回应,以降低企业成本、提高效率。[④]

二、国内研究现状

国内学者对产业融合的研究起步较晚,但国内产业融合实践发展较快,也为理论研究提供了素材。国内产业融合领域研究最为权威和代表性的人物数周振华教授(2003),他基于产业边界视角认为:产业融合是指市场上的众多产业在产业边界模糊化和经济服务化的趋势下,通过竞争协同关系建立起来的复合经济效益[⑤],信息化是实现产业融合的基础环境和关键条件。马健(2006)认为产业融合改变了原有产业的形态、市场需求的特征以及产业之间的竞合关系,并最终导致产业边界的模糊化、重划或消失。[⑥]

在内涵研究的基础上,学者们关于"产业融合"理论研究主要着眼于产业融合类型和效应等。以张磊(2001)为代表,从技术角度把产业融合分为

---

① Bernd W, Wirt. Reconfiguration of Value Chains in Converging Media and Communications Media and Communications Market. Long range planning,2001(34):489—506.

② Pennings,J. M., and P. Puranam. 2001. Macket Convergence and Firm Strategy:New Directions for Theory and Research. ECLS Conference, The Future of Innovation Studies,Eindhoven,The Netherlands.

③ Hackler,K., and E. Jopling. 2003. Technology Convergence Driving Business Model Collision. Teleconference Presentation March 25,Report,Gartner Group.

④ Hackli F., C. Marxt, and, F. Fahrni. 2010. An Evolutionary Perspective on Convergence: Inducing a Stage Model of Inter-industry Innovation. International Journal of Technology Management,49(1/2/3):220—249.

⑤ 周振华:《信息化与产业融合》,上海人民出版社 2003 年版。

⑥ 马建:《产业融合论》,南京大学出版社 2006 年版。

技术替代融合与技术整合融合或互补融合。[①] 周振华(2004)从产品角度把产业融合分为替代型融合和互补型融合及结合型融合。[②] 胡金星(2007)认为融合分为微观层次的标准融合与宏观层次的制度融合两类。[③] 对产业融合的效应研究,以陈柳钦教授(2007)最为有影响力,他认为产业融合存在以下七大效应:产业融合的效应、创新性优化效应、竞争性结构效应、组织性结构效应、竞争性能力效应、消费型能力效应、产业集群的区域效应。[④]

还有一些学者从融合发展动力上、途径上进行研究,研究的目的总的而言可归纳为:产业融合有助于推动产业结构优化、产业组织革新,提高产业整体效益,提升产业竞争力,能够优化产业组织结构、改善企业绩效、促进经济增长方式的转变,促进产业融合有利于新型工业化道路的实现。

三、产业融合研究述评

综上国内外学者研究成果看,学者们将产业融合的定义、原因、过程和管制研究作为产业融合研究的主要范围和领域。大多数的研究仅关注信息通讯业的产业融合,旅游产业、文化产业等服务性产业融合的研究成果不如对其他产业的研究。在信息通讯产业基础上,技术融合便成了最关注的路径。因此,技术融合研究成果最为丰富,主要体现在研究技术融合、技术融合与产业融合的关系、技术融合对产业融合的推动作用等方面。

目前的研究还存在一些不足,主要体现为:产业之间的融合并非方方面面都是技术进步的结果,不能很好地融合也不一定是技术不完善,对产业融合的前提条件和内部动因的研究上更加重要。因此,产业融合在深度上要进一步挖掘,应用的广度上要进一步加大,政策的力度上要进一步主导,融合的面上要立足于实证。

---

① 张磊:《产业融合与互联网管制》,上海财经大学出版社2001年版。

② 周振华:《论信息化中的产业融合类型》,《上海经济研究》2004年第2期,第11—17页。

③ 胡金星:《产业融合的内在机制研究—基于自组织理论的视角》,复旦大学2007年博士学位论文,第46—62页。

④ 陈柳钦:《产业融合的发展动因、演进方式及效应分析》,《西华大学学报》(哲学社会科学版)2007年第4期,第70—73页。

第四节　文化产业与旅游产业融合研究综述

一、文化产业与旅游产业融合研究

随着产业发展的不断深入，产业融合领域不断扩大，已经从技术性问题上升到涉及产品服务、商业模式以及整个社会经济运作的新型发展方式。因此，文化产业与旅游产业的融合也就顺理成章地被纳入到研究者的视野中。人们以“文化是旅游的灵魂，旅游是文化的载体”来形容两者的紧密关系，从产业属性的角度看，旅游产业是经济性很强的文化产业和文化性很强的经济产业，文化为旅游发展增添内涵，旅游为文化发展注入活力，两者之间的耦合关系是产业发展的必然趋势和内在要求，也有先天紧密联系的铺垫。目前，国内外学者对旅游产业融合或文化产业与创意产业融合的研究较多，对文化和旅游产业的融合发展研究从 2010 年后迅速增长。分别从以下角度进行研究（表 2-2）：

表 2-2　文化与旅游产业融合研究角度和代表人物列表

研究角度	研究代表人物
融合发展研究	张海燕(2010)；赵磊(2012)
耦合关系与因素	鲍洪杰(2010)
融合模式与路径	阎友兵(2011)
融合政策与政府	付瑞红(2012)；朱佳(2012)
应用性研究	刘艳兰(2009)；张琰飞(2012)

张海燕(2010)从文化产业、旅游产业的概念入手，对两大产业的产业边界进行界定，以价值链为理论基础，从技术、组织、产品、市场 4 个层面进行分析，探讨了两大产业融合的过程，最后提出产业融合的发展措施。① 赵磊(2012)对文化产业和旅游产业融合的机理、内在推动力、机制、融合模型等进行较全面的研究。②

---

① 张海燕、王忠云：《旅游产业与文化产业融合发展研究》，《资源开发与市场》2010 年第 4 期，第 322—326 页。

② 赵磊：《旅游产业与文化产业融合发展研究》，安徽大学 2012 年硕士学位论文。

鲍洪杰(2010)利用定量研究方法对旅游产业与文化产业的耦合关系做了研究,首次将定量研究引入到文化产业与旅游产业融合的研究领域。他通过构建文化产业与旅游产业耦合发展的评价指标体系,引入评价模型并对两大产业的耦合指标根据判断标准做出具体分析。①

阎友兵(2011)认为旅游产业与文化产业融合发展具有天然的耦合性,而共同的市场需求是两大产业融合发展的促进因素,并在分析融合发展原则基础上,构建了旅游产业与文化产业融合发展模式。②

付瑞红(2012)分析文化产业和旅游产业融合的路径在于政府角色的发挥、文化旅游创意产业园区的创建和人才培养体系的建立。③

朱佳(2012)在政府主导的发展战略模式下,研究政府在产业融合中的角色及职能的定位对于两大产业的发展有着根本性的影响。④

刘艳兰(2009)以阳朔《印象·刘三姐》为例进行实证分析研究文化与旅游产业融合模式,指出形成产业融合发展的意识是促进文化产业与旅游产业融合发展的前提,再凸显文化创意在旅游发展中的重要作用,大力发展文化旅游产业。⑤

张琰飞(2012)首次以我国 31 个省级单位的 1999 年到 2010 年的面板数据为基础,实证研究了我国文化产业和旅游产业耦合关系的区域差异。⑥

二、文化产业和旅游产业融合研究述评

通过对以上研究成果进行综述和梳理可以发现:国内外已经对文化产业和旅游产业融合进行了系统的研究,对文化产业和旅游产业融合现象进

---

① 鲍洪杰、王生鹏:《文化产业与旅游产业的耦合分析》,《工业技术经济》2010 年第 8 期,第 74—78 页。

② 阎友兵、谭鲁飞、张颖辉:《旅游产业与文化产业联动发展的战略思考》,《湖南财政经济学院学报》2011 年第 27 期,第 55—60 页。

③ 付瑞红:《文化产业和旅游产业融合发展的模式与路径》,《经济师》2012 年第 9 期。

④ 朱佳:《旅游产业与文化产业融合环境中的政府角色定位分析》,上海师范大学 2012 年硕士学位论文。

⑤ 刘艳兰:《实景演艺:文化与旅游产业融合的业态创新——以桂林阳朔〈印象·刘三姐〉为例》,《黑龙江对外经贸》2009 年第 8 期,第 105—111 页。

⑥ 张琰飞:《文化产业与旅游产业耦合发展的区域差异分析——基于省际面板数据的实证研究》,《华东经济管理》2012 年第 10 期,第 54—59 页。

行了较为深度的探讨和描述。对文化产业和旅游产业融合的研究，多数是从文化产业和旅游产业理论和研究的实践当中总结出来的，大多倾向于对文化产业和旅游产业融合的设计和服务过程的探讨。一方面，研究基本上集中在文化资源如何转化为旅游资源进而实现旅游功能等浅层次的研究上，只是实现了文化旅游产业融合的一个方面和外在形式，其多元性和内在互融还未真正实现。另一方面，产业融合是一个双向动态发展的过程，而且文化产业和旅游产业融合的类型多种多样。然而现有研究大多数仅从单向单因素、单功能、单向受益进行考虑，这也是重大的研究缺陷，因此今后的研究应尽量展开旅游产业与文化产业融合的相互作用和影响。再则，实践研究往往侧重在某一具体产业与旅游产业的融合研究，主要集中在融合的现象、形式和对策等方面，没有达到全面和系统的层面，严重缺少文化产业与旅游产业融合的机理、路径与模式的系统研究。对结合具体实例利用数据模型对地方文化产业与旅游产业融合的程度、广度、效用上的研究更是少数。因此，对文化产业和旅游产业融合进行全面、系统和更具针对性的研究将具有重要的现实意义，并将成为今后的研究方向。

第三章

瓯菜发展的历史脉络

对瓯菜发展历史脉络进行梳理、分析，是科学认识瓯菜的前提，是发展瓯菜文化旅游的基本任务。只有通过严谨、扎实的“摸清家底”的工作，我们才能对瓯菜文化旅游发展诸多问题做出正确的评估和判断。

第一节 瓯菜的概述和内涵

什么样的菜是瓯菜？瓯菜有哪些特点？瓯菜的内涵和外延包含哪些？这些问题的解答，无疑是进行瓯菜发展历史梳理、分析的基础和前提。

一、瓯菜的概述

(一)瓯菜简介

温州，是浙江东南沿海一座历史悠久的港城。汉代时瓯越人建立东瓯王国，东晋置永嘉郡，唐代改名温州，一千多年来其名沿用至今。温州是温暖之州，气候温和，季节分明，使飞、潜、动、植等食材皮薄肉嫩、质优时令、鲜嫩可口。温州地处瓯江下游，境内瓯江、飞云江、鳌江为三大水系，千百年来沧海桑田，土地肥沃，土壤中富含对人体有利的稀有元素，人不但有助于消化吸收，也有很大的营养价值。温州物产丰富，东海及滩涂珍馐品种繁多，自古就有“食在温州”的美誉。

瓯是一种陶制器皿，约在新石器时代，温州居住着会制作陶器的原始瓯人。在温州，因温州古称瓯而得名的有很多，如温州母亲河称为“瓯江”，生长在温州的柑称“瓯柑”，还有“瓯剧”“瓯窑”“瓯绣”“瓯塑”等，温州菜也称

“瓯菜”。温州菜于20世纪70年代，经过许多餐饮专家共同研究，把温州菜改名为“瓯菜”，作为代表历史悠久的温州菜系的代称。

（二）瓯菜特点

20世纪80年代，温州餐饮界的人士为了进一步完善瓯菜的特色，在前人的基础上几经讨论总结，最后将其特征定为：“以海鲜入馔为主；轻油轻芡，重刀工；口味清鲜，淡而不薄；烹调讲究，细巧雅致。”这个特征一直沿用至今。或许是靠山吃山、靠海吃鱼的缘故，从大约5000年前瓯越人开始就有“吃海鲜”的饮食习惯。因此，瓯菜大多数原材料以海产品为主，其烹调方法主要为鲜炒、清汤、凉拌、卤味。经过历史洗礼的温州菜，特色依然鲜明。

清淡：与东北菜的咸、湖南菜的辣、四川菜的麻、西北菜的酸、淮扬菜的甜相比，清淡是瓯菜的最大特色。瓯菜以海鲜为主，海鲜食材本身带有略微的咸味和甜味，如果放入过多的佐料，必然破坏海鲜的原味。相比重口味的调料应用，温州人更喜欢菜品原汁原味。

鲜嫩：瓯菜的食材讲究鲜活，注重选用时令蔬果和鲜活现杀的海味河鲜等原料，以确保菜品的口味纯正。温州人都知道，刚从海里打捞上来的海鲜与隔夜的海鲜，活的海鲜与死的海鲜，时令蔬果与非时令蔬果，味道差距是很大的。宁波菜的特色是鲜咸合一，瓯菜则是在“鲜”和“清淡”中找平衡，追求不一样的“鲜度”。嫩是指不仅注重选用新嫩的原料，以保证菜品的清鲜爽脆，更注重火候和时间的把握，少一分则太生，多一分则太熟。

重刀工：瓯菜对刀工有着极其严格的要求，非常考验厨师刀刃上的功夫。刀工将瓯菜的极致表达得淋漓尽致。炸熘黄鱼的牡丹花7刀，每一刀的起始点和力度及最后一刀的落脚点都非常讲究（图3-1）。制作瓯菜名菜锦绣鱼丝，要求刀法干净利落，鱼丝宽窄一致，长度上要求9厘米整齐一致。传统瓯菜对刀工的苛刻要求在锦绣鱼丝上达到了极致。

图 3-1 瓯菜名菜——炸熘黄鱼牡丹花刀法

摆盘造型美观：瓯菜虽是一方地方特色菜，但是这并不代表瓯菜只是寻常人家烧。温州人对菜品的审美也有着自己独特的一面，瓯菜要求摆盘造型美观，足以让瓯菜进入高端菜系的行列。瓯菜冷盘动物造型、雕花米塑、蔬果颜色搭配都非常考究。尤其是冷盘的龙凤、三堆、蝴蝶造型，牛、羊、虎、狮、蝴蝶、蜈蚣栩栩如生，寓意吉祥，颇具观赏价值（图 3-2）。

图 3-2 瓯菜冷盘摆盘造型

生吃吃法独特：品味瓯菜的另外一种吃法就是生吃。生活在瓯越大地上的温州人没有一人不会生吃，也没有人不喜欢生吃。生吃是在新鲜的鱼虾蟹中直接放入调味品即食，炝蟹、炝虾、鱼生都是生吃的最好典范。早在三国时期沈莹《临海水土志》中就提到瓯越人喜吃生食。

二、瓯菜内涵

(一)瓯菜的物质载体

红色高脚碗：如果说“三丝敲鱼”是瓯菜的内涵代表，那么红色高脚碗就是瓯菜的外在符号；如果说温州无海鲜不成席，那么席上无红色高脚碗则不成“十全十美”。红色高脚碗是老温州人结婚、喜宴、年夜饭的必备品，也成了传统瓯菜最鲜明的外在形象。红色高脚碗有别于一般家用碗的最大特征是碗底底座较高，碗釉面为朱红色。如果是新人结婚，会购买带镶金龙凤花纹的红色高脚碗。老温州人通常准备十只高脚碗，高脚碗用来装冷盘，每道冷盘一个寓意，再在冷盘上放一片红萝卜。除红色高脚碗以外，红色八仙桌、红色的筷子、红烧肉、红萝卜(红菜)片、红色的蜡烛、红枣八宝饭、红酒(加饭黄酒)、红橘子、红色压岁包，构成了十种红色吉祥物，十样红色十道红菜，十全十美，意味着来年红红火火(图 3-3)。

图 3-3 红色高脚碗

海鲜食材：“江山如画人如玉”“酒美蟹肥橙桔香”，是杨蟠在温州任知州时对温州的印象。瓯菜“口味清鲜、淡而不薄”，靠的是天时、地利、人和，然而，造就瓯菜海鲜食材主要依靠地利。温州属于典型的亚热带海洋季风性气候，冬无严寒、夏无酷暑，年平均气温 18℃左右，使得飞、潜、动、植等原材料皮薄肉嫩、鲜嫩适口。温州沿海滩涂面积广阔，来沧海桑田，土地肥沃，土壤中富含对人体有利的稀有元素，利于肠道消化、营养吸收，利于心智发展、身体强壮。东海海域海洋渔业资源丰富，品种类别多，盛产带鱼、大黄鱼、小黄鱼、鲳鱼、海鳗、绿鳍马面纯、马鲛鱼、日本鲐、虾、蟹和蓝圆鲣等，为瓯菜提供了丰富的原材料。

米塑：老温州人的婚宴、乔迁宴、寿宴等重要筵席上，米塑通常必不可少。它的题材有很多，婚宴主桌上以飞舞的龙凤、冷盘中的狮虎牛羊等为题材；乔迁之喜上，通常以戏剧人物为题材，温州人称之为“抛梁”；寿宴通常以寿桃、长寿仙为题材。米塑用米磨成粉做材料捏制而成，或成为筵席上菜肴的点缀，或增加欢喜气氛，或是成为小孩子把玩的玩具，都是瓯菜的另一物质载体，是温州人餐桌上一道亮丽的风景线(图 3-4)。

图 3-4　瓯菜冷盘中的米塑点缀

十二双碟拼：民国时期，当时的几大著名菜馆如醉月楼、冰壶楼等，就推出了“十二双碟拼”这种顶级宴席，需花 50 银圆(1 个银圆相当于当时 70—80 斤大米的价格)预订。“十二双碟拼”由十二道冷盘、十六道热菜组成。十二道冷盘拼十二样时令、干鲜果，这就是“双碟拼”的来意。除了菜品极尽奢华，吃法也极为讲究，宴席分上半场和下半场，上半场吃完了，游湖、品茶、观景，回来后再吃下半场。十二双碟拼，不论菜品还是用餐形式，都已到了极致，堪称浙南的“满汉全席”(图 3-5)。[①]

① 叶国光：《瓯菜厨艺》，《温州人》2010 年第 1 期，第 88—89 页。

图 3-5 温州溢香厅大酒店复原十二双碟拼

(二)瓯菜文化

1.瓯菜文化的定义

文化是一种历史遗留物。广义上是指人类社会历史实践过程中所创造的物质财富和精神财富的总和;狭义上是指社会的意识形态,以及与之相适应的组织机构文化。同样,国内学者对饮食文化的研究可分为广义和狭义两大类。

广义的饮食文化则同时关注饮食的物质和精神两个方面。如赵荣光和谢定源(2000)认为,饮食文化是指食物原料的利用、食品制作和饮食消费过程中的技术、科学、艺术,以及以饮食为基础的习俗、传统、思想和哲学,即由人们食生产和食生活的方式、过程、功能等结构组合而成的全部食事的总和,是关于人类在什么条件下吃、吃什么、怎么吃、吃了以后怎么样的学问。①狭义的饮食文化专注于饮食的精神方面。如毛丽蓉(2003)认为,所谓餐饮文化指的就是通过食物、烹饪以及餐具、就餐的形式等体现出来的价值观念、习惯方式和被人们普遍接受、沿袭相传的各种习俗。②

综上所述,文本将饮食文化定义为:人类在饮食方面的创造行为及其成

① 赵荣光、谢定源:《饮食文化概论》,中国轻工业出版社 2000 年版,第 272—278 页。

② 毛丽蓉:《餐饮文化建设中的扬弃》,《金华职业技术学院学报》2003 年第 2 期,第 62—64 页。

果，是关于饮食生产与消费的科学、技术、习俗和艺术等所体现出来的物质文化和精神文化的总和。

瓯菜属浙江菜系四大流派之一，瓯菜的独特性表现在其发源、发生、发展在瓯越大陆，其文化是构成瓯越文化的重要组成部分。瓯菜文化植根于温州历史文化的土壤，是温州人依凭温州特定的自然地理环境等，在长期的饮食实践中创造出来的文化综合体，瓯菜与温州的政治、经济、宗教、文化密切关联。

2. 瓯菜文化的精神体现

瓯菜文化体现了"温州人精神"。温州人有着"东方犹太人"之称，温州人是白手起家、艰苦奋斗的创业精神，不等不靠、依靠自己的自主精神，闯荡天下、四海为家的开拓精神，敢于创新、善于创新的创造精神的代名词。经济学家钟朋荣将这四种精神概括为"温州人精神"。① 最早移民的温州人都以开餐馆起家，直到现在，很多温州人从事的依然是餐饮业，在很多欧洲人看来，除了餐饮业之外，华人似乎始终没有在当地的其他经济领域占据过重要地位。② 欧洲人在本土对中国的最直观的了解是从中餐馆开始的。开餐馆是最苦最累的行当，温州人"白天当老板，晚上睡地板"的这股勤劳、朴实、艰苦创业精神就是从餐馆经营由来的。

瓯菜文化体现了温州人独特的审美观。温州人喜欢喜庆，喜欢红色，喜欢偶数（成双成对，方言说"做双""好事做双"）。以"红色"为例，年夜饭桌上的红色不仅表现在红色高脚碗、红菜，其实桌子、筷子也追求红色，寓意来年红红火火。红色菜品色泽明亮、艳丽，能达到用餐心情愉悦和营造欢快、喜庆氛围的作用。以"偶数"为例，结婚用品要偶数、送红包要偶数，寓意成双成对。温州人注重十全十美，年夜饭餐桌上通常是十道冷菜十道热菜，豪华盛宴十二双碟拼也是偶数的（图 3-6）。

---

① 项光盈：《世纪之交看温州》，华夏出版社 1998 年版，第 150 页。

② 曹海东：《温州人在欧洲》，《经济》2005 年第 3 期，第 21 页。

图 3-6　温州人传统年夜饭

瓯菜文化体现了温州人的传统观念：温州人在极具创新精神的同时，又非常保守，遵守传统文化、传统观念，在饮食文化和生活习惯上也是如此。大圆桌上，盛在高脚碗上的十道冷菜有红菜点缀，菜籽头炒年糕（寓意：拔头年年高）、全鸡（寓意：机会多多）、清蒸黄鱼（寓意：年年有余）、炒粉干（寓意：分官）等热菜盛在大碗里，老温州传统年夜饭里的十道热菜，每道都有讲究和意义。老温州人的春节追求“圆、稳、红、余、吉、全”六字①，每道冷菜、热菜都围绕“六字方针”展开。温州方言中“稳”与“碗”同音，所以盛热菜时用大碗，寓意生意“稳妥”；温州人注重十全十美，春节要合家团圆，由“全”字引申而来的菜式，在 20 世纪 80 年代中期最普遍的是全鸡、全鸭、全蹄；温州方言“吉”与“橘”同音，所以在过去十道冷菜盘底用贡橘铺垫。

瓯菜文化体现了温州人科学、健康养生理念：瓯菜厨师们发现菜肴质、量的科学配搭是瓯菜烹饪过程中不可忽视的一大环节②。比如猪蹄高脂肪，通常配搭泰顺的高山笋干，笋干粗纤维能降解猪蹄中的高脂肪，此举既满足了食客的食欲，又兼顾健康养生的功能。有一些食物若搭配不当，成分相克，轻者降低或失去营养，重者伤害身体，影响健康。如菠菜与豆腐同烧；蟹与永嘉柿子都是秋天最时令的菜肴，同食会引起腹泻；海鲜与啤酒同食易得风湿。同时，瓯菜在健康养生方面也有相当的研究，许多美味佳肴，又是延

① 叶国光：《温州菜及典故》，中国民族摄影艺术出版社 2014 年第 4 期，第 265 页。
② 金凡平、方立明：《温州文化存在的记忆》，人民出版社 2013 年版，第 89 页。

年益寿的补品和治病良方。比如鲫鱼羹具有温补脾肾、益气和胃的作用;百合蒸鳗鱼,对肺结核、淋巴结核有明显疗效;泽泻茯苓鸡能泄热消肿、壮阳补脏的功效等。

第二节　瓯菜的缘起

缘起是佛教术语,“一切有为法都是因各种因缘和合而成”即为缘起。通俗讲,任何事物都是因为各种条件的相互依存而处在变化中,引申为事物的起因、起源。经过历史洗礼的温州菜,从先民们果腹的食物到发展成为浙菜四大菜系之一、深受人们追捧的饕餮盛宴,都有它不平常的缘起。

一、不同时期经济发展为瓯菜奠定殷实基础

温州地区原本是个交通闭塞的丘陵地区,交通落后,人口稀少。正是历史发展时机的青睐给温州带来了机遇,才有了现在繁华的都市和繁荣的经济。东汉、西晋、吴越国时期大量人口涌入温州并带来的各种雅俗文化,是温州经济大发展的人口与文化基础条件。隋唐时期温州长期处于安定环境之中,社会经济发展很快。从唐高宗上元元年(674 年)设置温州开始,温州渔业、纺织业、手工业、造船业发展迅速,海外贸易也由此开始兴起。北宋时成为当时的港口重镇,被朝廷辟为对外贸易口岸。南宋时中西陆路交通要道“丝绸之路”基本断绝,主要依赖海上贸易,“海上丝绸之路”兴起。而温州是当时的四大海港之一,为浙南、闽北货物进出的咽喉,刺激了温州经济蓬勃发展。明代中期,商品经济和资本主义萌芽,温州经济得到发展,农业、捕鱼业也进一步扩大,名目繁多的沿海鱼类水产品,成为人们饭桌、菜馆上的美味佳肴。此时温州海味、温州菜声名鹊起,一大批水产品成为朝廷贡品。光绪二年(1876 年),温州被迫开辟为通商口岸,英驻温领事馆在浩然楼成立,温州成为名副其实的商埠。清末民初,封建帝制崩溃,在一批维新爱国人士的影响下,改革步伐加速,温州的商贸、交通、教育、卫生渐次发展,为温州饮食发展提供了物质基础。

二、瓯越地理位置为瓯菜繁荣提供了有利条件

如今居住在温州这片繁华都市的人们不曾想象,现在这里土地广袤、街道车水马龙,而在亘古时代却是一片汪洋大海、滩涂、礁石。说起温州的地

理位置，人们会想到"瓯居海中"。永嘉建郡前，整个永嘉郡偏安浙江东南，交通闭塞，生产落后。永嘉建郡后，北据瓯江，东西两面依山，南临会昌湖，山和湖成了筑城的天然屏障，凭山为制高点，增强防御能力。建城以来已有千余年历史，温州偏安于一角避开了无数兵戈战火，变不利因素为有利条件。有诗记载，"烽火幸存完善地，繁华依旧小杭州""历尽天华成此景，人间万事出艰辛"。温州东临东海，坐拥天然的海港，为唐、宋、明、清的海上贸易，提供了良好的条件。

吴越国和南宋王朝建都临安，温州距离政治文化中心更近了，使得温州在偏安的王朝版图内的政治地位在这两个时期里迅速提高，这对温州的发展极为有利。尤其是宋室南渡，高宗一度驻跸温州，一部分皇族和外戚定居温州，带动大量人口涌入温州，也把中原先进的文化和习俗带到这里，刺激其他俗文学、娱乐艺术形式引进，一时成就雅俗共处的繁荣景象。宋代杨蟠《咏永嘉》给后人留下可考证据："一片繁华海上头，从来唤作小杭州。水如棋局分街陌，山似屏帏绕画楼。是处有花迎我笑，何时无月逐人游。西湖宴赏争标日，多少珠帘不下钩。"

瓯越大地物产丰富为瓯菜提供了丰富的食材。瓯菜以海鲜为主要食材，而温州东临东海，滩涂肥沃，珍馐海错品种丰富、个体肥美，还富含很高的营养价值和稀有矿物质。海产品成了温州史上的贡品之一。据南宋吴自牧《梦粱录》载，京都临安从温州等地运入的海鲜有干贝、青虾、牡蛎、蝤蛑、梭子蟹、花蛤、黄花鱼、鲍鱼、墨鱼、章举、海蜇、鲫、鱿、鲭、鲚等 40 多种；淡水鱼有鲈、鲥、鲫、鳇、鲟、鲤、蟹、虾等 40 多种。据温州本土民俗专家叶大兵先生考证，清乾隆四十七年（1782 年），袁枚来温看温州大户人家结婚的"坐筵"[①]，排场之大，菜品之丰富，惊呆了袁枚先生。

三、宋王朝来温促进瓯菜与宫廷菜的融合

宋高宗赵构于建炎三年（1129 年）初，逃难至浙江。虽然是为逃难而来，但是其皇帝架子十足，大约带了 4 万兵，还有大臣、家眷，浩浩荡荡。第二年，二月初一到达江心屿的普济寺，在普济寺住了十五天后，从江心屿向

---

① 吴东来：《说瓯》，中国对外翻译出版有限公司 2011 年版，第 134 页。

温州城内移跸，改州治衙门为行宫。[①] 史书记载，高宗在行宫，扈从甚严，百官朝参，一切按旧仪进行。关于赵构驻跸温州之事，后来王十朋作诗《驾幸温州次僧宗觉韵》："圣主南巡驻六飞，邦人咫尺见天威。间关高帝尚鞍马，谨厚汉光犹绛衣。北斗城池增王气，东瓯山水发清辉。伫看天仗还京阙，无复旄头慧紫微。"可见，高宗到温州对温州整体气象改变很大。

宋代皇室的饮食生活，羊肉占重要地位。宋室南渡后，仍以羊肉为主，不过"南食"比重逐渐增大。[②] "南食"特点是以海产品为主，尤以蟹类入馔更为突出。这促进了当属地方菜的瓯菜与宫廷菜的相互融合，高规格的宫廷要求，无疑对当时的海鲜菜无论从菜品的味道、菜品的形式、色泽搭配、烹饪技艺等都提出了高要求，直接提高了瓯菜的档次和规格。

四、全球的温商为瓯菜做了推广和宣传

"温州人精神"缘于温州人遍布世界各地，据统计，近 170 万温州人在全国各地经商办企业，有 60 多万温州人在海外创业，分布在 131 个国家。[③] 最初外出谋生的温州人，大部分靠经营温州餐馆、小货铺起家。据统计，20 世纪 30 年代海外温州人 13 个创业个体中，就有 9 个是开餐馆的。当时的"瓯菜馆"就是外国人心目中的"中国餐馆"。遍布在外的温商创造了巨大的财富，并在各地拥有良好的口碑，为瓯菜打开全国和世界大门，做出了不可磨灭的贡献。近年来举办的"世界温州人烹饪大赛""瓯菜发展论坛"等都能为深入发扬瓯菜文化的魅力，提升温州餐饮在国际上的竞争力起到非常大的作用。瓯菜作为一方特色菜，在招商引资方面也发挥了巨大贡献。80 年代，某温商回乡投资，在温州酒家用餐，吃了温州地道的名菜蒜子鱼皮，大赞其味佳。酒家经理又为他加了一个瓯菜，他当即追加了 4000 万的在温投资。

五、瓯菜大师们推动瓯菜形成地方菜系

瓯菜是温州人民的一大杰作，瓯菜文化是他们留给后人们一笔丰厚的

---

① 蔡克骄：《瓯越文化史》，作家出版社 2002 年版，第 45 页。

② 叶国光：《瓯菜厨艺》，《温州人》2010 年第 1 期，第 88—89 页。

③ 张一力：《海外温州商人创业模式研究——基于 32 个样本的观察》，《华侨华人历史研究》2010 年第 9 期，第 14 页。

遗产。尤其是历代瓯菜厨师们靠他们的辛勤劳动，积极利用本地丰富的自然资源，在民间饮食文化的基础上，不断探索，制造出许多美味佳肴，自成一体，别具风格。1983年，在北京人民大会堂举行的第一届全国烹饪技术大赛中，瓯菜厨师金次凡从83名大师中脱颖而出，以第一名好成绩获得"全国最佳厨师"称号。瓯菜知名度迅速提升，在地方菜中的地位大有后来者居上的味道。金次凡的徒弟潘晓林师承前辈，并致力于瓯菜发展，将瓯菜做出文化，做成艺术品。他是瓯菜大师中唯一获得国务院政府特殊津贴的人，他出版的《中国烹饪大师作品精粹·潘晓林专辑》《中国瓯菜·第一辑》两本书，是他研制菜品的成果汇集，突破了传统经典瓯菜，融入了各大菜系及西餐的元素。另外一位瓯菜大师周雄，他将毕生精力倾注于瓯菜发展和瓯菜文化研究，他创办的金鼎美食学校培养了成千上万的瓯菜厨师，学校被政府认定为瓯菜非物质文化传承基地，他本人则是瓯菜传人。上述三位大师只是瓯菜大师们的缩影，"瓯江后浪推前浪，厨坛新人胜旧人"，瓯菜精英们都在各自岗位上大显身手，为瓯菜传承和传播做出了巨大贡献，最后才逐步形成瓯菜体系。一道道菜肴、一本本菜谱是他们不断创新和辛勤劳动的真实记录，也构筑了瓯越文化不可或缺的一部分。

第三节 瓯菜的历史渊源

古人类有饮食现象，并不能说就是某种菜系的开始。瓯菜作为一个地方菜系，有着漫长的孕育过程。从瓯菜饮食文化的形成过程来看，结合其发展的特征可以划分为五个时期。

一、萌芽期

瓯菜发展的萌芽期即史前时期至公元前200年，这段时期形成了瓯越人"吃海鲜"的饮食习惯。早在约五千年前，瓯越先民(今温州地区)便在瓯江、飞云江中下游背山临水的坡地定居下来，过着渔猎和原始农业相结合的生活。[①] 或许是靠山吃山、靠海吃鱼的缘故，瓯越人开始有"吃海鲜"的饮食习惯，此时的海鲜主要指河、江、近海、滩涂上易捕获的水产食物。《史记·

---

① 叶国光：《瓯菜厨艺》，《温州人》2010年第1期，第88—89页。

货殖列传》载："楚越之地，地广人希，饭稻羹鱼，或火耕而水耨，果隋蠃蛤……"说明当时人们以米饭为主食，以鱼、蛤、水果、蔬菜为佐餐食品。《逸周书·王会解》有记载："欧人蝉蛇，蝉蛇顺，食之美。"欧同"瓯"。蛇即鳝鱼或黄鳝，温州人又称"蛇鱼"，认为鳝鱼为鲜美之品。张华的《博物志》中也说："东南之人，食水产鱼、蚌、螺、蛤以为珍味，不觉其腥臊也。"

瓯越人"吃海鲜"的饮食习惯一直延续到现在。对今天的温州人来说，无海鲜不知其味，无海鲜不成宴，温州人家里待客都是"以海鲜为主入馔"，温州人喜吃海鲜已是佳话。显然，当时的瓯越人受地理位置及生产生活环境的影响，"吃海鲜"只是一种生存的需要，主要解决的是温饱问题。虽然谈不上饮食文化，但"吃海鲜"已成为今天瓯菜的核心，即海鲜是瓯菜的主要食材。

二、雏形期

瓯菜发展的雏形期是公元前200年至公元500年，这段时期瓯菜传承了"食水产、嗜鱼盐、好腥臊"的饮食传统。南朝永嘉太守谢灵运有《游赤石·进帆海》，诗中记载："扬帆采石毕，挂席拾海月。"这里的赤石、帆海是指当时的永嘉郡城南，即现在的温州湾一带；石毕、海月是指龟脚和窗贝。《风俗通义·佚文》载："吴楚之人嗜鱼盐，不重禽兽之肉。"《博物志》中说："东南之人好腥臊。"这时的瓯越人不仅保持了吃鱼、贝等海鲜的饮食传统，在吃法上也表现出多样性，或煮而食之，或生吃、做成鱼生酱等。三国东吴临海郡太守沈莹《临海水土志》中说，临海东南的人们"饮食不洁，取生鱼肉，杂贮大器中卤之，历日月乃啖食之，以为上肴"①，就是将生鱼(小带鱼)放在陶罐中加调料(酒糟和盐)腌制，数十天后取出下饭。

同样，瓯越人"食水产，嗜鱼盐，好腥臊"饮食传统也一直延续到现在。传统是传承前人社会经验概念的共识，传承传统便是共同遵守共识的行为模式。如果说瓯越人早期"吃海鲜"仅仅是一种生存需要的话(一定程度上是被动的)，那么这个时期的主动"食水产，嗜鱼盐，好腥臊"，则可以认为是瓯越人对饮食传统的传承、对饮食文化的追求，瓯菜文化由此开始形成。因此，这一时期称为瓯菜发展的雏形期。

---

① 蔡克骄：《瓯越文化史》，作家出版社2002年版，第13页。

三、成型期

瓯菜发展的成形期是公元500年至公元1800年，这段时期瓯菜造就了“方法多、制作讲究”的烹饪工艺。从瓯菜的适用角度而言，此时的瓯菜大多是供皇室或者达官贵族食用的菜品，不具普遍意义，达不到成熟的标志。唐宋是我国经济发展的发达时期。从唐代开始，温州城中就有大小酒店、酒馆，并盛行用海鲜做菜。唐代诗人李颀，有诗写温州饮食：“欲饭蟹螯熟，下筋鲈鱼鲜。”[①]可见海鲜已经是平常老百姓家中不可或缺的食物。宋代是温州历史上科技和贸易发展的黄金时期，饮食业繁荣昌盛。北宋绍圣二年（1095年），杨蟠在温州任知州时，温州的“江山如画人如玉”“酒美蟹肥橙桔香”给他留下了深刻的印象。宋高宗赵构驻跸温州，将瓯菜融入宫廷菜，进而改变了宋室饮食结构和饮食习惯，高规格的宫廷菜提升了瓯菜的档次和规格。南宋吴自枚《梦粱录》记载，当时临安从温州等地运入乌贼、黄鱼、海蜇等40多种海产品作为贡品。南宋绍兴二年（1132年）温州设置市舶司，管理海外贸易，设有“来远驿、待闲驿”，接待外国贡使和客商[②]，街市酒楼、歌馆、食店、茶肆鳞次栉比。据史载，主食有饭、粥、面，配以海鲜入馔为主，鱼、虾、蛤、蟹、时令果蔬应有尽有，主要工艺以炸、熘、炒、蒸、煮、烙、烤为主，精致的工艺菜和食品雕刻已在宴席中普遍出现。

高规格的宫廷菜不仅要求菜品的味道佳，更要求菜品的艺术性，“宋高宗赵构驻跸温州”这段时间，实现了瓯菜从平常家常菜迈入高端菜行列的转变。现代瓯菜摆盘造型美观，尤其是瓯菜冷盘龙凤、三堆、蝴蝶造型、雕花米塑、蔬果颜色搭配，牛、羊、虎、狮、蝴蝶、蜈蚣造型栩栩如生，寓意吉祥如意都是对那个时期宫廷菜要求的延伸。这个时期菜品烹饪方法多样，菜品制作工艺精致，鲜明的特色已显现。有关瓯菜的记载逐渐多起来，文字资料日渐丰富，瓯菜文化的独特性和地域性逐渐展现出来和传承下来。因此，唐宋时期作为瓯菜成型期的标志时期基本无疑义。

---

① 吴东来：《说瓯》，中国对外翻译出版有限公司2011年版，第134页。

② 汲寿荣、于淼：《温州瓯菜文化的传承与发展研究》，《科教文汇》2014年第1期，第125页。

四、全盛期

瓯菜发展的全盛期是公元1800元至公元1930年，这段时期瓯菜“繁复而精美的风格”的饮食文化形成。因受第二次世界大战影响，社会整体处于战争状态，文化受冲击，经济发展受阻甚至遭到严重破坏，因此，瓯菜发展的全盛时期较短暂。光绪二年(1876年)，据中英《烟台条约》，温州被迫开辟为通商口岸，成为浙南唯一可以通往内地的港口。这一时期，温州万商云集，洋货源源不断涌入温州，温州的零售业、酒店餐饮业却得到了大发展。此时的温州餐饮业已有相当规模，而且菜肴档次也大大提高，迎来了本帮菜的全盛期。当时各菜馆推出的菜肴也大多以海鲜为主，如玉带海参、芙蓉蝤蛑、炸银鱼排、敲鱼、三鲜、炒鳝鱼、鱼皮、海参、清蒸鲥鱼、炸熘黄鱼等。20世纪三四十年代，温州市区菜馆、酒楼稍上规模的有：五马街的“国际”“醒春居”“华大利”“味雅”，府前街钟楼下的“中央饭店”，东门“乐园餐馆”，南门“聚乐园”，西廓“林宝记”等，游客云集，门庭若市。[①] 那个时候温州喜宴中就有著名的“十二双碟拼”，“十二双碟拼”无论菜品还是用餐形式都达到了瓯菜的顶峰。这个时期集全了所有现代温州菜的鲜明特色。当时的瓯菜堪称浙南的美食盛宴，而瓯菜正是从那个时候开始追求繁复而精美的风格。瓯菜的特色在这样的基础上产生并逐渐形成。瓯菜与周边沿海地区菜肴相比，更加注重食材的原汁、原味、原色、原形，出现以“鲜”为上的价值观。

狭义的文化是指人们普遍的社会习惯，如衣食住行、风俗习惯、生活方式、行为规范等。大量的文字材料记载了这个时期的日常餐饮和民俗餐饮，如泰顺百家宴、生婚葬饮食习惯、宗教祭祀饮食传统等，瓯越文化史中记载物产最多的当属海鲜食物。瓯菜从高端餐饮飞入寻常百姓家，意味着饮食成为大众精神享受的重要构成。文化又指人类活动的模式重要性的符号化结构，“十二双碟拼”就成了当时喜宴的符号。温州人见面调侃“你去吃十二双碟拼了吗?”意思是“办事很隆重”。“十二双碟拼”成了盛大和隆重的事件的象征。

五、腾飞期

瓯菜发展的腾飞期是在1950年后瓯菜跻身“浙江菜系四大流派”之时。

---

① 叶国光：《温州菜及典故》，中国民族摄影艺术出版社2014年版，第263页。

新中国成立后，百废待兴，社会经济发展。尤其是改革开放后，温州市场经济发展使得瓯菜再次繁荣，这是全盛期的延续。1956 年 10 月温州开出了第一家国有酒店——温州酒家。[①] 温州酒家曾是温州人心目中本帮菜的殿堂，当时的名菜有：高汤鱼翅、蟹粉绣球、花生肚、三丝敲鱼、炸熘黄鱼、马铃黄鱼、七星蟹斗、芙蓉蛸蛑、蛋煎蜻子、插花和合、虾籽海参等。这些菜是温州菜的代表，也是现今瓯菜的传统菜品。1959 年，46 个温州名菜入选《中国菜谱》，同时还有 250 个菜品品种[②]，大大丰富了瓯菜体系，成为瓯菜发展史上的里程碑事件。特别是改革开放以来，社会主义市场经济的发展，带动了饮食业的竞争，带来了烹饪技艺的进步，瓯菜也随之迅速发展，成为浙江菜系其中一大流派。20 世纪 70 年代餐饮专家们为了提高温州菜的知名度，将温州菜改名为“瓯菜”，作为历史悠久的温州菜的代称。80 年代，为了进一步完善瓯菜的特色，几经讨论总结，最后将其特征定为：“以海鲜入馔为主；轻油轻芡，重刀工；口味清鲜，淡而不薄；烹调讲究，细巧雅致”。这个特征一直沿用至今。至此，瓯菜和杭帮菜、宁波菜、绍兴菜并列，成为浙江四大菜系之一。90 年代开始，瓯菜又取得日新月异的发展。《中国瓯菜（综合版）》的出版，填补了在中国菜系中占一定地位的瓯菜菜谱的空白，结束了瓯菜“有菜无谱”的历史，对瓯菜进一步走向世界起了标志性的作用。[③]

随着瓯菜快速发展，瓯菜文化研究也展现出一片繁荣的景象。瓯菜不仅是饮食民俗，也是一种民间文化事象，表现出传达人与人、人与物、人与环境、人与组织之间的联系，成为礼仪、民俗、禁忌、社会交往和文化符号象征。瓯菜发展史像一本厚重的史诗，它展现了 4000 多年来温州菜的创造、变异、发展的沿革。研究温州瓯菜文化，综合运用人文历史、经济管理等学科对温州饮食文化的起源和发展求索，对温州饮食文化的特点和价值探寻，对温州饮食文化资源的保护和利用都有着重要的意义。

---

① 叶国光：《瓯菜厨艺》，《温州人》2010 年第 1 期，第 88—89 页。

② 叶国光：《温州菜及典故》，中国民族摄影艺术出版社 2014 年版，第 263 页。

③ 何倩、邵家钤：《瓯菜传统与时尚的变奏》，《温州瞭望》2008 年第 13 期，第 89 页。

第四章

瓯菜资源开发利用的战略分析

目前，瓯菜开发得如何？取得了什么样的成果？对这些问题的解答以及对瓯菜后续开发的思考是研究瓯菜产业融合的基础和前提。

第一节 瓯菜资源双维解读

到底什么是瓯菜文化旅游资源？只有了解资源、读透资源，才能更好地进行资源开发。

一、瓯菜文化资源

文化本身是一个“复合的整体”，文化是一种社会资源，文化资源又是一个涵盖很广泛的概念。本书中“文化资源”可以理解为人类文化中能够传承下来、可资利用的那部分内容和形式。文化资源的类型多样，是具有独特性、多样性、精神性、可再生性。瓯菜文化资源是指在温州地方菜系基础上，融合当地习俗、传统、思想和哲学等人文内涵，成为蕴含着科学、哲学、民俗和艺术的一种风格各异的文化景观和文化现象，具有价值的、可被利用的关系总和。

二、瓯菜旅游资源

“食”在旅游六要素中占据第一位置，但饮食不自行生成旅游资源。只有对旅游者产生一定吸引力并为旅游业所用，同时带来经济、文化和社会效益，才能成为独具地方人文特色的饮食旅游资源。温州瓯菜文化内涵深厚，自古就有“食在温州”的美誉，温州美食多次上榜《舌尖上的中国》等媒体节目，对旅游者具有很大的吸引力。

《旅游资源分类、调查与评价》(GB/T18972—2003)中指出自然界和人类社会凡能对旅游者产生吸引力,就可以为旅游业开发利用,并可产生经济效益、社会效益和环境效益的各种事物和因素。本书所通用的瓯菜旅游资源则是指能被用来开发利用且对旅游者产生吸引力的,并产生经济效益、社会效益、环境效益的温州特色菜肴及文化的总和。在资源分类表中即属于G旅游商品——GAA菜品饮食和GAE传统手工产品与工艺品,又属于H人文活动——HCA地方风俗与民间礼仪、HCB民间节庆、HCF庙会与民间集会、HCG饮食习俗等。

三、瓯菜资源双维解读

瓯菜文化旅游资源双维解读是通过"自然—人文—社会"惯常分析框架和旅游资源分类标准,对进行瓯菜文化资源和瓯菜旅游资源进行双重解析,以勾画出瓯菜资源的多样性、独特性和复杂性。

表4-1　瓯菜文化旅游资源的双维解读

资源性质	资源类别	主要内容
瓯菜文化资源	人文资源	文学出版物,如《瓯馐》《中国瓯菜》
	非遗资源	瓯菜烹饪技艺
	大型活动	大型赛事、展会,如世界温州人烹饪大赛、农博会等
	文化艺术资源	瓯菜厨艺品、城市食品礼品
	民情风俗文化资源	饮食习惯、传统,如传统年夜饭、传统婚宴
瓯菜旅游资源	风味美食	特色菜系、小吃
	民俗旅游	节庆、民俗活动,如百家宴、拦街福
	商业购物资源	特色商业街、土特产品、旅游纪念品
	产业旅游资源	农家乐、餐饮老字号、名瓯菜馆、生态农业、创意园

上述双维解读,从不同角度、不同侧重进行。鉴于文化与旅游天然的紧密联系,彼此共生,这样的划分也必定存在一定的交叉性。比如,节庆、民俗活动也可以是城市文化资源,能催生城市文化产品或商品;城市食品礼品同样会对旅游者构成吸引,作为旅游吸引物之一;创意园等作为文化领域的产品,也会对旅游者构成吸引力。这也说明文化与旅游有耦合的先天性。

第二节　瓯菜开发现状及存在的问题

分析瓯菜开发现状及存在的问题，是瓯菜创新发展的基础和基点。本节通过问卷调查形式，结合调查结果将从社会公众对瓯菜的认知现状和问题、瓯菜自身条件制约发展问题、瓯菜餐饮企业经营管理存在的问题、瓯菜厨师培养与技艺传承的现状与问题、政府与社会组织职能存在问题、产业融合问题六个方面来解读瓯菜资源开发存在的问题。

一、社会公众对瓯菜的认知现状与问题

(一)社会公众对瓯菜只知其名、不知其实

社会公众对瓯菜的知晓程度数据来自对本地居民和外地来温旅游者的问卷调查。如图 4-1 所示，本地居民 97.6%知道瓯菜，71.30%外地旅游者知道瓯菜。总体上而言，社会公众瓯菜的知晓程度较高，但是 41.2%的外地旅游者表示没有吃过瓯菜，如图 4-2 所示。被问及关于瓯菜的内涵、有关典故、文化及外延知识时，外地旅游者几乎不知晓。

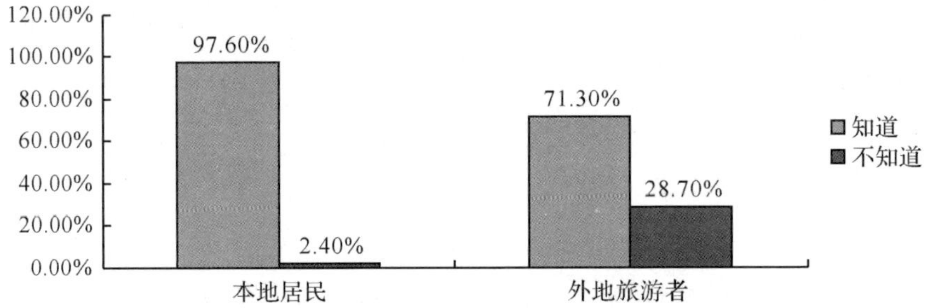

图 4-1　社会公众对瓯菜的知晓程度

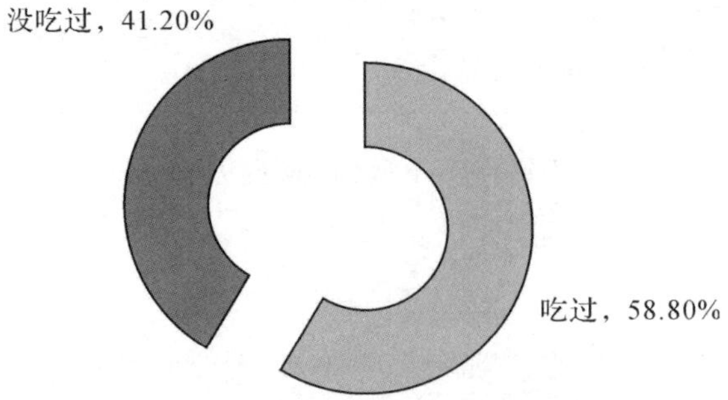

图 4-2　社会公众是否吃过瓯菜

(二)社会公众对瓯菜认知有偏差

瓯菜与温州小吃有密切联系,没有严格的界限,不是等同关系。外地旅游者普遍认为瓯菜即温州小吃,比如灯盏糕、永嘉麦饼、鱼饼、鸭舌等,少数人知道一两道名菜(通常以纳入《中国名菜》的46个瓯菜为瓯菜名菜),如三丝敲鱼、鱼丸汤,其中知晓三丝敲鱼的人最多。本地居民则认为瓯菜的最大特色即生吃,能报出菜名的如炝蟹、炝虾、三丝敲鱼、鱼丸汤,其中知晓温州鱼圆的人最多。如图4-3所示。

大多数的瓯菜厨师对瓯菜认识也有偏差,他们认为瓯菜即海鲜菜,从地域的界定上认为就是温州鹿城区。

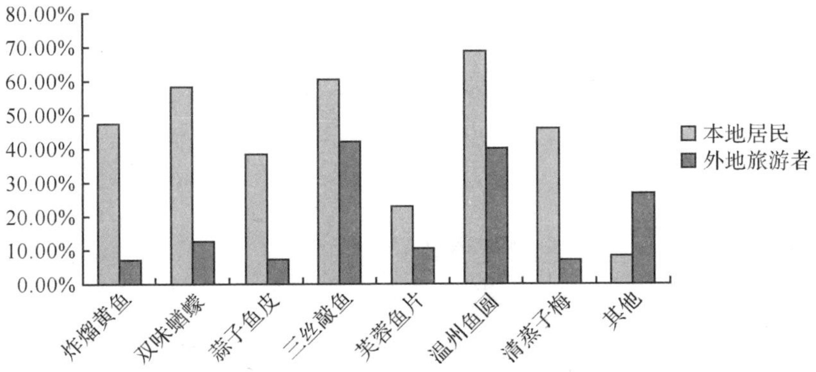

图4-3　社会公众对瓯菜名菜的知晓程度

二、瓯菜自身条件制约发展问题

(一)某些菜品制作工艺烦琐

瓯菜美名远播的原因之一在于"吃在精致"。瓯菜之所以精致在于菜品制作工艺非常烦琐。有些传统瓯菜烹饪步骤之多、要求之严格,是其他菜很难达到的。比如锦绣鱼丝,从原料处理、加工、出炉,有十几个步骤,每个环节都要恰到好处才算成功。比如三矾海蜇,要经三次放矾,时间、矾量恰到好处才能制作出好品质的海蜇。一些商家为了节约时间,减少工序,加大化学用品剂量,以最少成本追求最大利益,导致食品品质差,甚至存在卫生安全隐患。部分瓯菜制作烦琐、烹饪难度大,在企业成本利润核算下,则变成了快捷的速成品,失去了瓯菜的精髓。在现今快节奏生活状态下,年轻厨师们没有耐心去学习和钻研,导致一些瓯菜技术传承出现断层现象。

(二)瓯菜对原材料要求高

传统瓯菜对菜品的原材料要求很高。瓯菜的食材讲究鲜活,注重选用时鲜蔬果和鲜活现杀的海味河鲜等原料,以确保菜品的口味纯正。温州人都知道,刚从海里打捞上来的海鲜与隔夜的海鲜,活的海鲜与死的海鲜,时令蔬果与非时令蔬果,味道差距是很大的。比如已被列为“中国温州名菜”的马玲黄鱼,制作这道菜的原材料之一——猪网油,简称网油,实际是猪的肠系膜,大网膜堆积的脂肪,在猪的腹部形成网状的油脂,在制作菜肴时经常被当作配料用到。现今的屠宰场使用标准化宰杀程序,没有专门收集网油程序,原材料缺失是这道名菜失传的主要原因。黄鱼是温州人筵席上必不可少的一道菜,但是黄鱼数量越来越少,野生黄鱼价格又非常昂贵,养殖黄鱼又很难达到野生黄鱼的口感。因此,许多传统瓯菜的原材料可替代性小或由于价格太昂贵而逐渐淡出老百姓的生活。

(三)不适应年轻人的重口味

随着各地经济的发展,各种菜系也逐渐打破地域界限进入温州市场,年轻人普遍接受并喜欢酸、辣等重口味,口味因此变得多元化。在对本地居民和外地游客的瓯菜口味调查中,年轻人普遍认为长期食用瓯菜太清淡。尤其是来自北方或西北的客人表示不能接受,如图 4-4 所示。天一角酒园厨师长林老师表示,20 世纪 50、60、70 年代出生的人普遍能接受瓯菜的清淡,而“80 后”“90 后”则受外来口味的影响,普遍认为瓯菜太清淡。

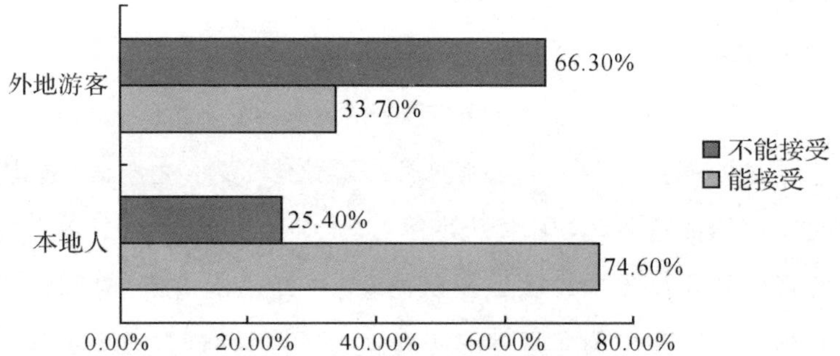

图 4-4　社会公众对瓯菜口味的接受程度

(四)缺乏美食家推动瓯菜创新

温州不缺乏食客,不缺乏优秀的瓯菜大师,也不缺乏本地餐饮企业,相对而言温州美食家匮乏。美食家不仅具有鉴赏能力，而且非常精通美食鉴赏，他们注重烹饪艺术，也关心饮食文化。美食家通常会科学地评价美食，对美食发展有着积极的促进作用。温州人勤恳耐劳、精于创业、喜于品尝美食，但真正去评价美食、推荐美食的人很少，除了部分专业的媒体记者。通俗地讲，吃货多，美食家少。恰恰是美食家的缺乏，致使瓯菜的发展空间渐渐封闭，问题不被察觉，不能走出去，不能被更多人所熟知。

三、餐饮企业经营管理存在的问题

截至2014年5月，从市工商系统获取数据：温州全市工商注册在册餐饮企业（不含个体户）2278家，含个体户24180家，经营范围含“瓯菜”字样企业无，企业名字带“瓯”字样（瓯海、瓯北除外）的16家，比如瓯粤轩、东瓯会、瓯宴等。经过调研，呈现以下几大问题：

（一）品牌建设不足

调研组着重对市饭店和餐饮协会推荐的21家特色瓯菜企业进行了调查。调查组将被调查的瓯菜企业分为三类：星级饭店16家、瓯菜纯餐馆企业4家、老字号店1家。21家企业中有12家企业注册了商标，9家企业没有注册商标，所有的企业都没有为菜品注册商标。商标是构成品牌的一部分，易于消费者识别。多数的企业品牌建设停留在取名上，而没有进行文化挖掘、内涵塑造、品牌传播等。比如得尔乐酒店研发的“滋补糯米饭”非常具有温州特色，在市场上享有很高的知名度和美誉度，但是企业忽视了对其品牌建设，也忽视了对自己企业产品产权的保护。

（二）营销意识不强

温州餐饮企业老板大多数出身厨师，因厨优而创业。老板精于开发菜品，而不太懂得营销。营销观念停留在“酒香不怕巷子深”的观念上，多数营销手段过于传统，不注重顾客黏度建设，企业无法做大做强，生命周期短，通常是市场难以维持了便换个面貌换个名字再出场。比如：瓯粤轩的前身是生意一度非常火爆的“楠溪第一楼”酒店，可其经营走向没落也就三四年时间。

（三）菜品研发力度不足

调研组走访的中亚、得尔乐、兰立方、嘉庭等酒店投资管理公司，都进行了不同程度的菜品研发，但大多数企业菜品研发由几位老厨师负责。他们根据市场反应调整菜品存在一定的主观性。没有经过科学的调查、制定严谨的研发程序，随意性较大。其他组织机构如行业协会、民间组织如瓯菜研究会、培训机构与学校，科研力量非常薄弱，导致菜品研发力度不够。因此，传统瓯菜不断受市场冲击，瓯菜很难推陈出新，见图 4-5。

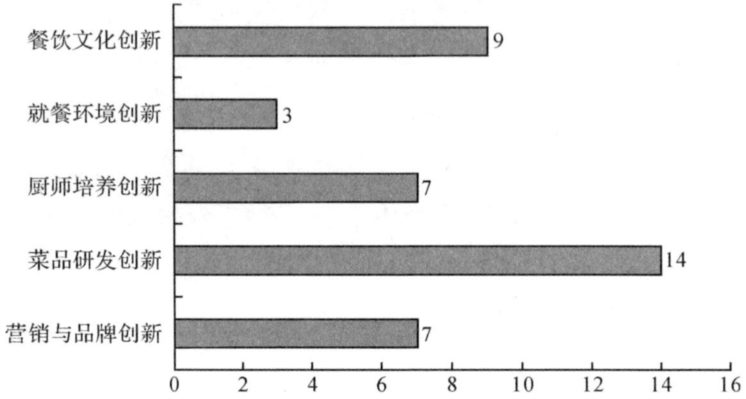

图 4-5 瓯菜企业对瓯菜创新的类别

(四)经营模式不成熟

受访的 21 家企业，有 16 家有连锁经营，其中连锁数量最多的是兰立方大酒店，在温州分店 7 家。近些年，受温州经济低迷的影响，瓯菜企业扩张乏力。这 16 家企业中有 15 家表示企业的经营管理模式较成熟、经营状况良好，有 1 家表示连锁经营不成熟，缺乏管理理念，需要改善。21 家企业经营共性多，相互模仿，跟随市场，而有自己独特经营理念、管理方法、个性化发展的企业少。

(五)企业特色不明显

各大酒店装修样式相差不大，主题特色鲜明的很少；差异化经营意识差，盲目跟风较多。这一方面天一角酒园走在先列，其作为“瓯菜非遗传承基地”，在酒店大堂处展示与瓯菜文化相关的一些展品，大厅处搭建了瓯剧舞台，在特定的节假日进行演出。特色菜系、特色企业与特色文化相结合，这种融合的新业态，值得餐饮企业大胆尝试。

四、瓯菜厨师培养与技艺传承的现状与问题

(一)厨师年龄结构不合理

在温州，受传统观念的影响，厨师职业认同感低。人们普遍认为厨师属

于服务行业，社会地位低、收入低、劳动时间跨度长、劳动强度大等。在对81名瓯菜厨师的调查中，厨师职业年龄分布没有呈正态分布，46周岁以上的厨师很少，18—45周岁占绝大多数，行政总厨一般都较年长，如图4-6所示，情况基本符合现行酒店行业情况。资深大厨表示，成为一名大师级的厨师一般要经过20年左右的历练和积累。

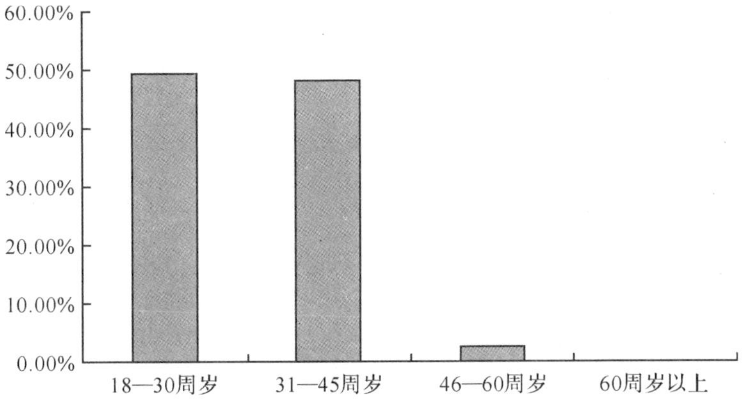

图 4-6　瓯菜厨师的年龄结构

(二)本地厨师比例少

在对81名瓯菜厨师的调查中，温州瓯菜厨师中超过半数不是温州本地人，其中在温州工作不足3年的占13.6%，基本上属于初级工；在温州工作3年以上的外地厨师占38.3%，基本上属于企业骨干，如图4-7所示。21家企业的总厨都是温州本地人，这充分说明，地方菜系充分体现了地方特色，一方水土养育一方人，没有对当地文化进行充分的把握，也就很难把厨艺做到最好。

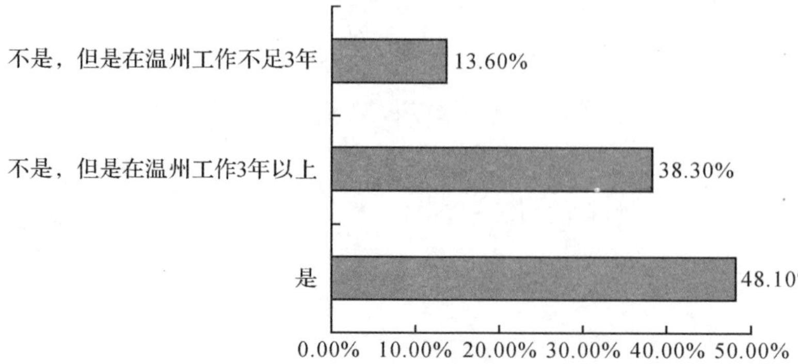

图 4-7　瓯菜厨师本地化程度

(三)瓯菜厨师职业认定缺乏

市饭店与餐饮协会的负责人告诉调查组，目前温州市劳动职业技能鉴定中心缺乏对瓯菜的技能鉴定。因此，战斗在一线的厨师“有瓯菜厨艺之实，没有瓯菜厨师之名”，这导致厨师对本帮菜的认同感不强烈。这方面做得比较好的有宁波，宁波人力资源局对甬帮菜的厨师有专门的职业认定，每年都会评选出一批“甬帮菜大师”，并给予一定的奖励，这对本帮菜的厨师保护是显而易见的。

(四)瓯菜技艺保护与传承政策缺乏

时代的变迁，制作瓯菜的传统日趋淡化，现今能按传统工艺熟练制作多种正宗瓯菜的人已经越来越少。传统瓯菜工艺开始出现“断层”现象，很多年轻人不愿意去学习，它也将面临着失传的命运。对 81 名瓯菜企业的厨师们调查发现，超过 30％的厨师对瓯菜烹饪技术不成熟，有系统性学习的只占 13.6％，大部分是短期速成班培训，如图 4-8、图 4-9 所示。传统师带徒模式的培训占主要培训方式，这种方式存在培养规模有限，时间漫长，知识科学性和系统性有待进一步提升。瓯菜烹饪技艺于 2012 年 7 月正式进入第四批浙江省非物质文化遗产名录。后续对“瓯菜大师”“瓯菜技艺传承基地”的评选、认定、保障等政策还未出台，传承工作尚未真正启动。

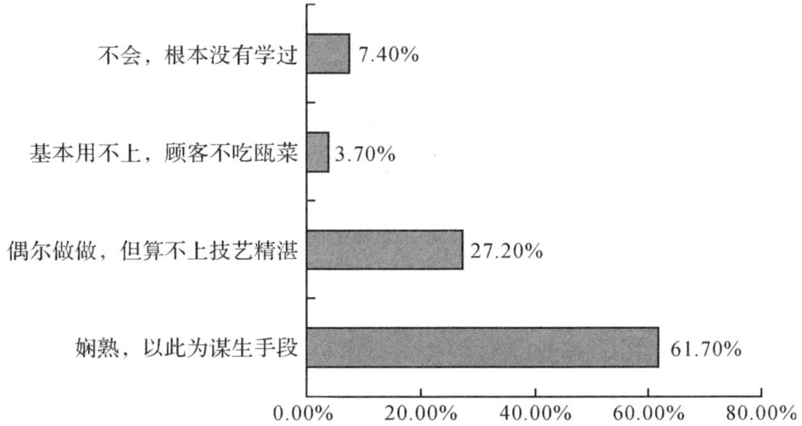

图 4-8　瓯菜厨师制作瓯菜技术娴熟程度

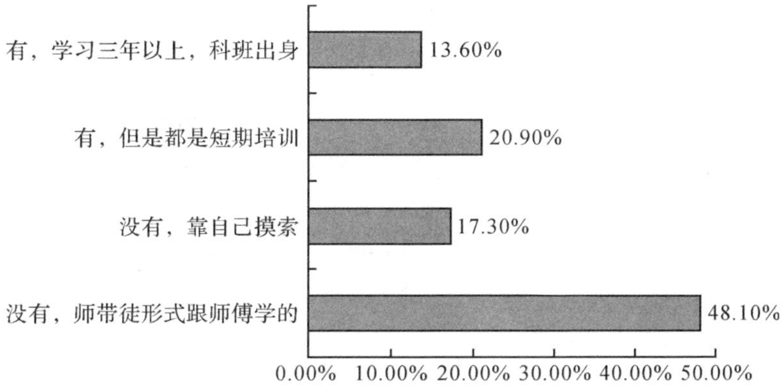

图 4-9　瓯菜厨师烹饪培训情况

五、政府与社会组织职能存在问题

(一)政策导向明朗，需进一步落实

2013 年 9 月温州市人民政府根据《浙江省人民政府办公厅关于印发振兴浙菜加快发展餐饮业重点任务分解方案的通知》制定了《振兴瓯菜加快发展餐饮业重点任务》的文件。文件主要围绕加强餐饮网点规划、建设瓯菜三大特色集聚区、提升瓯菜品牌、加强瓯菜文化研究、扩大瓯菜知名度、制定瓯菜名菜评选认定标准等内容展开。加快餐饮业快速发展的同时，充分提升温州文化产业中的优势产业，最后实现经济可持续发展。在市商务局、旅游局牵头下，已经逐步开展“瓯菜美食文化节”“温州瓯菜馆”“温州瓯菜主题酒

店”授牌等活动。对瓯菜企业减税优惠、奖励、瓯菜标准制定、瓯菜商标政策等需要进一步落实。

(二)政府不重视,专项资金不足

《振兴瓯菜加快发展餐饮业重点任务》这一文件标明要对瓯菜加大资金扶持,温州市财政每年拨 300 万元作为发展餐饮业的专项资金,加大对餐饮业的资金支持力度,重点用于瓯菜品牌培育和推广、名师名菜名店的奖励、基地建设等。300 万相对而言已是杯水车薪,2014 年这项专项资金被削减为 150 万,各项工作开展难度加大。社会各界振兴瓯菜信心不足,积极性大大降低。

(三)顶层设计规划人才缺乏

振兴瓯菜,加速餐饮业快速发展需要科学规划、协同发展,靠企业零散形式发展不能形成规范产业化生产,也不能仅仅依靠商务局、统计局、旅游局等政府机构牵头负责。温州市餐饮企业、行业协会、政府、研究机构等要齐心协力,出谋划策,引起重视,积聚力量,形成符号,树立品牌,招徕游客,百家争鸣,良性竞争,协同发展。这些需要政府牵头做好顶层设计,但温州缺乏顶层设计和规划人才,这也是目前餐饮业散乱式、弱小差发展的重要原因。

(四)各种机构的研究成果少

目前,温州市有餐饮协会 1 家、瓯菜研究机构 2 家、全日制人才培养学校 2 所,正规社会培训学校 1 所。温州对于瓯菜民俗餐饮文化研究、瓯菜文化内涵挖掘研究、瓯菜文化旅游产业融合研究、瓯菜文化旅游资源开发利用研究等极少。现有研究的理论深度不够、系统性不足、学术性欠缺,成果多以菜谱形式为主,非常单一,尤其是视角新颖、具有创新性的瓯菜文化研究成果极少。

六、产业融合存在的问题

21 世纪,在技术创新的推动,传统产业组织形态有了突破和创新,产业间进行融合发展成为必然趋势。瓯菜要完成“继承传统、保持创新、吸引游客、走向世界”的宏伟目标,还需加强与其他产业的融合发展。瓯菜大师周雄告诉我们,目前瓯菜的规模不可能一下子做得很大,其重要原因是瓯菜相关产业融合尚未形成。

(一)瓯菜资源与旅游产业融合效果不明显

近 5 年温州旅游业快速增长，业绩突出。2010 年接待海内外旅游者数量从 3526.3 万人次增长至 2014 年 6578.48 万人次，5 年时间增长了 86.6%；旅游总收入从 2010 年 331.68 亿元人民币增加到 686 亿元人民币，5 年时间增长了 107.2%，如图 4-10、图 4-11 所示(数据为笔者根据统计资料整理得到)。

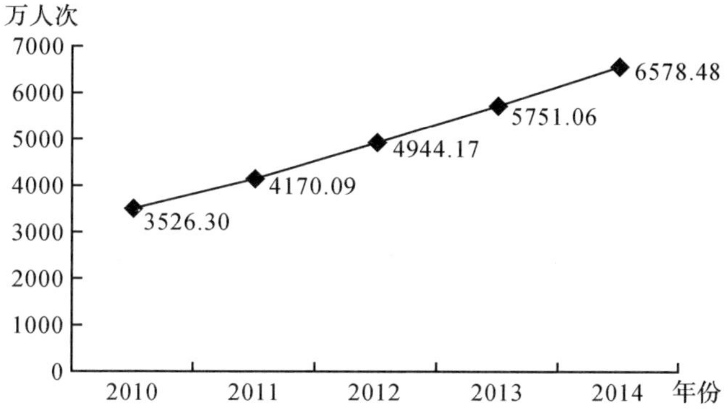

图 4-10 温州市旅游接待总数

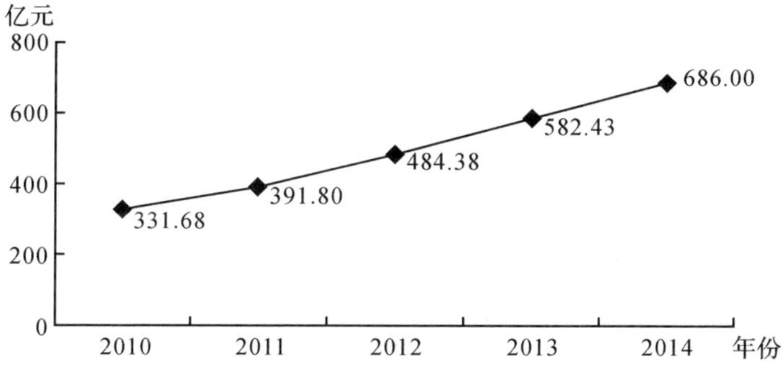

图 4-11 温州市旅游总收入

纵向比较，节节攀升的数字足以证明温州市本地旅游业正年复一年地繁荣发展。但个别问题突出，如温州市旅游市场长期“出多进少”，本地地接旅游业务仅占全部的 1/10。来温游客以一日游为多，特别是占比接近一半的“温州人游温州”，基本都是一日游。即便是过夜，逗留时间也不长。数据显示，2012 年通过旅行社进入到温州市的国内旅游者，在温州平均逗留天数 1.7 天，全省平均是 2.3 天。这 0.5 天的差距意味着多过一夜，多产生一夜住宿费用和餐饮费用。参考浙江省的消费水平，过夜人均消费至少300元。温州地接餐饮费用占旅游总费用20%左右，温州地接餐饮以低档团队餐为主，每人餐标20—30元之间；众多瓯菜馆中只有天一角酒园做旅游团队餐，每人餐标60—120元不等，但总量极少。由此可见，美食与旅游的融合尚处在低层次。

(二)瓯菜资源与文化产业融合现象明显，效果不明显

中央、浙江省号召大力发展文化产业，提升文化软实力和文化产业的竞争力，为此，温州市委市政府发布了《温州文化产业十二五规划》，规划显示了发展文化产业的勃勃雄心，将加快建设十大文化产业园区和十大重点文化产业项目，形成各类配套完成、产业链齐全的产业集群。温州文化产业增加值年平均增速保持在19%左右。截至2014年11月，温州的创意产业园区共有12处。在这样文化大发展、大产业、大繁荣的背景下，温州瓯菜文化作为瓯越文化的重要组成部分也必将可以被搬上舞台而大放异彩。但目前，瓯菜作为文化资源产生的经济效益微乎其微。除了以东瓯智库、智慧谷、白鹿洲公园创意园中的大大小小餐饮企业为其贡献一些经济效益外，在文化出版、文化演艺等方面几乎为零。

据统计，一位游客在宁波能花1420元，在温州只消费950元。主要的原因在于温州的旅游配套消费项目发展不足，致使旅游衍生消费得不到释放。在分项的文化艺术和娱乐两个指标上，温州处于全省靠后水平，而这两方面正是最体现旅游品质和旅游消费附加值的地方。人气指数高的旅游城市的游乐消费、演艺消费、文化消费非常火爆，能带动旅游消费整体提升。最为典型的如杭州的《宋城千古情》，2012年平均每天演出3.5场，表演票务收入为3.46亿元，占宋城景区总收入的87.63%。因此，本书建议本地“瓯”字品牌餐馆深入挖掘瓯菜文化，塑造自身独特的企业文化；温州知名的瓯菜餐饮企业大多走中、高端路线，在中央“八项规定”“六项禁令”提倡节约的背景下，适时发展大众餐饮，走入各大文化创业产业园区中去；结合创意文化增加瓯菜馆的文化性和独特性，增加餐饮企业与创意产业的黏度，吸引顾客不为吃而吃，而为文化和品味而享受，以增加餐饮产业的附加值。另外，积极探寻瓯菜文化其他模式的文化产业融合的路径，比如建设“馆”“产”“消费”“体验”功能聚合的瓯菜文化博物馆；温州演艺类非物质文化遗产丰

富，建议文化部门邀请知名人士，联合“瓯菜文化”和“瓯剧”“瓯塑”“瓯绣”打造以“瓯字品牌文化”为主题，策划打造体现温州历史文化和民俗特色的一台人文大戏，长期定点演出。借鉴苏州平江路的昆剧演出模式，填补我市文化演艺产品和城市夜游娱乐产品的空白。

(三)瓯菜文化旅游产品单一

来温州旅游就是“纯玩团”“纯山水团”，温州文化旅游产品缺乏，瓯菜文化旅游产品更是单一。由于市场缺乏包装、设计和资源整合，任凭丰富的瓯菜资源也难有优秀的旅游纪念品或城市礼品。瓯菜资源被设计成城市礼品主要有烤虾、鸭舌、鱼饼、鱼丸、熏鸡、炝蟹等，包装简易无法体现内涵与特色，购买对象主要为温州本地人。因此，本书建议工业设计院校、文化设计公司发起号召，学习杭州、厦门经验，专门举办有影响力的旅游商品设计大赛，公开征集带有鲜明温州元素的旅游纪念品。作品以实用性、对温州的代表性、可量产性作为评判优秀的重要标尺。对前几名的入围作品提供“官方旅游纪念品认证”，对对接企业实施量产等奖励。持续几年，借此创作出一批“必败”的旅游商品。温州市智慧旅游走在全国前列，如能借鉴“厦门手礼网”做法，由国企牵头打造一个集聚温州商品的网购平台，并联合机场、火车站、长途汽车站、快递公司等实现网购、临走时站取，将有望极大刺激旅游商品和城市礼品的生产。

(四)瓯菜产业链条尚未形成

近些年来温州市旅游业依靠着基础设施的建设、文化内涵的注入、旅游景区的发展、旅游产品的升级和旅游环境的改善，获得了长足的发展并取得了显著的成效。但“大旅游、大产业、大融合、大发展”的产业格局尚处在初级阶段，温州市旅游发展面临着产业链条缺断的尴尬，即产业链条尚未真正形成，更无从谈拓展和延伸。这不仅体现在旅游活动六要素之间的横向联合没有实现，而且旅游产业上下游之间的纵向发展也没有形成。因此，本书建议支持和鼓励旅行社设计富有“瓯”特色旅游产品，融入瓯菜美食，打造具有强大吸引力的美食旅游产品；打造“夜游＋夜间美食”产品，形成有规模且相对集中的美食消费场所；联合“休闲酒店＋旅游购物＋瓯菜”资源，制造具有瓯菜文化特色旅游商品、纪念品和工艺品；制造一套瓯菜主题性强、体验性产品；真正形成以“温州”命名的“旅行社＋景区＋园区＋餐饮＋文化＋休闲+娱乐”的产业链。

第三节 瓯菜资源开发利用的战略分析

盲目开发、过度开发，对瓯菜文化都具有毁灭性破坏。本节运用SWOT模型对瓯菜资源优势、劣势、机遇和威胁进行归纳和分析，有助于瓯菜资源开发和科学决策。

一、优势

(一)文化积淀深厚

温州物产丰富，美食闻名遐迩。瓯菜作为温州菜历史悠久的代称，与杭帮菜、宁波菜、绍兴菜并列浙菜系的四大流派。瓯菜具有浙菜的共性，但又自成一体，别具一格。《逸周书·王会解》《史记·货殖列传》《游赤石·进帆海》《博物志》《永嘉秋夕》《梦粱录》等文献就有有关温州人饮食传统、习惯、食物、烹饪方法的记载。

与温州饮食相关的节庆，百家宴、拦街福到底什么时候开始的已经无从考证，但是都已不下三五百载。关于当时盛况的记载有许多清晰的考证。今天温州人的饮食文化更是对几千年前“喜海鲜、好腥臊”饮食传统和习惯的延续。唐宋时“四时游客，释道信徒，往来不绝，酒楼、茶肆、客栈、歌馆日夜喧闹；风味小吃，挑夫走贩，叫卖声声，非常热闹”。北宋时，更有“待贤驿”“来远驿”“容成驿”“海月楼”和“八仙楼”等驿站酒楼声名远播。至上世纪三四十年代，温州市区有多家上规模的菜馆、酒楼，如位于五马街的“国际”“醒春居”“华大利”“味雅”，府前街钟楼下的“中央饭店”，东门的“乐园餐馆”，南门的“聚乐园”，西廓的“林宝记”等。温州自古商贾云集、餐饮业繁荣。

新中国成立后，特别是改革开放以来，经过全市几代瓯菜厨师的努力，瓯菜体系日臻完整，各种名肴竞相推出。从20世纪50年代开始，46个瓯菜名菜谱入《中国菜谱》。90年代，瓯菜又取得日新月异的发展，《中国瓯菜(综合版)》的出版，完善了瓯菜体系，填补了在中国菜系中占一定地位的瓯菜菜谱的空白，对瓯菜进一步走向世界起了标志性的作用。

瓯菜像是一位饱经沧桑的历史老人，诉说着每一段不朽的传说，无论是用材的讲究、一代名厨的成长、每道菜背后的典故、发展历史脉络、独特的特点、健康饮食理念，在创新中崛起，在传承中保持特色，都向人们传递着它厚重的文化积淀。在不满足于“吃饱”的时代中，瓯菜迎合了人们“吃出健康、吃出品味、吃出文化”的需求。

（二）口味清淡，特色鲜明

瓯菜作为浙菜的大流派之一，它的特色也是非常明显的。浙菜富有江南特色，历史悠久，源远流长，是中国著名的地方菜种。《黄帝内经·素问·导法方宜论》曰：“东方之域，天地所始生也，渔盐之地，海滨傍水，其民食鱼嗜咸，皆安其处，美其食。”《史记·货殖列传》中就有“楚越之地……饭稻羹鱼”的记载。由此可见，浙江烹饪已有几千年的历史。浙菜起源于新石器时代的河姆渡文化，经越国先民的开拓积累，汉唐时期的成熟定型，宋元时期的繁荣和明清时期的发展，浙菜的基本风格已经形成。温州菜也称“瓯菜”，瓯菜则以海鲜入馔为主，口味清鲜，淡而不薄，烹调讲究“二轻一重”，即轻油、轻芡、重刀工。温州人尊重大自然赋予食材本身的特色，海鲜食材本身带有略微的咸味和甜味，如若放入过多的佐料，必然破坏海鲜的原味。相比重口味的调料应用，温州人更喜欢菜品原汁原味。

综上而言，杭帮菜“雅丽”，宁波菜“鲜咸”，绍兴菜“浓烈”，瓯菜则是“清淡”，特色鲜明。

（三）资源丰富，海鲜种类繁多

一个菜系的发展不仅仅与当地老百姓饮食习惯和传统、厨师厨艺相关，其基础物质——食材是关键因素。食材靠的是天时、地利、人和，然而，造就瓯菜海鲜食材主要依靠地利。温州属于典型的亚热带海洋季风性气候，冬无严寒、夏无酷暑，年平均气温 18℃左右，使得飞、潜、动、植等原材料皮薄肉嫩、鲜嫩适口、优质时令。温州土地肥沃，土壤中富含对人体有利的稀有元素，利于肠道消化、营养吸收，利于心智发展、身体强壮。温州海域面积辽阔，东海海域海洋渔业资源丰富，品种类别多，盛产带鱼、大黄鱼、小黄鱼、鲳鱼、海鳗、绿鳍马面鲀、马鲛鱼、日本鲐、虾、蟹和蓝圆鲹等，为瓯菜提供了丰富的原材料。尤其是东海滩涂，珍馐品种丰富，其中以贝类、藻类、鱼类最为丰富，这是浙菜中其他菜系所没有的优势。

温州海鲜有多种吃法，加上烹饪方法多样。温州鱼类制作通常就有熟食法、生食法、干腊法、腌食法，加上鲜炒、清汤、凉拌、卤味等特色技法，可谓

"一生二、二生三、三生无穷"。据南宋吴自牧《梦粱录》载,京都临安从温州等地运入的海鲜有干贝、青虾、牡蛎、蛸蛑、梭子蟹、花蛤、黄花鱼、鲍鱼、墨鱼、章举、海蜇、鳓、鱿、鲭、鲚等 40 多种;淡水鱼有鲈、鲥、鲫、鳇、鲟、鲤、蟹、虾等 40 多种。清代时期,温州大户人家结婚的"坐筵",排场大,菜品丰富,令人惊讶。1959 年瓯菜选出最有代表性的 46 个名菜入选《中国菜谱》,同时还有 250 个菜品品种,菜品体系非常完善。

(四)态度开放,包容性强

瓯菜在形成的过程中离不开各种因素对它的影响,而在发展壮大过程中它总是保持着开放包容的姿态。在宋代之后随着经济和文化中心的南迁,江南一带形成了独有的士大夫文化气息,很多官宦士人寄情山水,享受美食。当时南北各类菜肴云集温州,设有多处酒楼,一种潜在消费文化带动了"醉月楼""冰壶楼"等餐馆的兴盛,更推动了瓯菜创新和发展。现在,温州本地饮食市场总体上呈繁荣发展趋势,外帮菜、外国风味陆续进入温州市场,并不断发展壮大。瓯菜不断吸取外来菜的长处,开发出既适合外地人口味,又保留本地原料特点的菜肴。比如开胃鱼头、泡菜黄鱼、新爆目鱼花等创新瓯菜,融入麻、辣、酸口味,融合了广式、潮式、日式、韩式等风格。多种流派融合的海味,既能饱足各地旅游者的口欲,又能让本地居民品尝得到外邦菜的口味。

(五)烹饪技法独特

温州菜大多采用近海鲜鱼与江河小水产类,活杀活烧,其传统烹调方法长于鲜炒、清汤、凉拌、卤味,即少油、少盐、少味精等。与味精、酱油等相比,温州人精于黄酒的运用。温州人的黄酒不是用来饮用的,而是作为一种调料。这在中国菜中是很普遍的,但温州可以说是其中之最,黄酒是用来提鲜的,绝大部分温州人,每天烧菜都要用到酒。① 例如汤、滚、调、炖、蒸、醉、煨、烹、加、拌、醉、爬、蘸、腌、发等,料酒运用的方法不同,可以提出不同的鲜味。瓯菜重刀工、瓯菜的独特审美、瓯菜生吃也是其烹饪技法独特的重要体现。

---

① 汲寿荣、于森:《温州瓯菜文化的传承与发展研究》,《科教文汇》2014 年第 1 期,第 125 页。

二、劣势

(一)瓯菜烹饪技艺出现断层现象

若干年后,可能会出现瓯菜烹饪技艺后继无人的现象,这主要受两个方面的影响:第一,受传统观念的影响,厨师职业认同感低,大众普遍认为厨师社会地位低、收入低、劳动时间跨度长、劳动强度大等。又因温州地区经济发达,职业选择性大,本地人从事厨师行业人数少。目前,瓯菜厨师中本地人只占据半数,且数量在慢慢萎缩。第二,外地厨师对当地文化没有充分地把握和理解,也就很难把厨艺做到最好。

(二)文化挖掘不够

文化是"吃"的精髓体现,对传统饮食文化的挖掘,也是弘扬优秀传统文化。就瓯菜本身物质文化而言,瓯菜菜品、制作工艺及技术标准等,瓯菜的外形审美,瓯菜的盛器,瓯菜菜品搭配,瓯菜文化与餐饮企业文化的契合等还未被挖掘和梳理出来。瓯菜的精神层面文化,如瓯菜民俗、瓯菜礼仪、瓯菜哲学、瓯菜非遗文化的保护和传承等值得社会各界去研究探索。瓯菜作为文化旅游资源,"瓯菜"作为温州文化符号,瓯菜名店的传承和发扬,瓯菜地理标志商标暨品牌建设,"瓯菜"产业暨文化基地培育以及建设有"瓯菜"历史记忆和地域民族特色的美丽城镇或乡村等也有待后来者进一步研究。

(三)优质食材匮乏

瓯菜对食材的原材料要求高,而当前社会优质食材匮乏,这也是制约瓯菜发展的一大威胁。优质食材匮乏有两方面的原因:一方面,居民随着人均收入增加,生活条件改善,借生出巨大消费能力,其中对食材消耗量名列前茅。海洋过度捕捞,海洋资源枯竭,对以海鲜入馔为主的瓯菜来说,是一大劫难。另一方面,环境污染日益严重,养殖的海鲜受到污染,食品卫生与安全也考验着企业发展。由于优质食材匮乏,导致瓯菜价格上涨或者商家以次充好破坏瓯菜原本形象,或者在烹调时使用大量的调味品来调和菜品味道,渐失瓯菜原汁原味的本色。

(四)产业融合不足

瓯菜产业融合不足在前面章节已经讨论过,主要问题是其与旅游产业、文化产业融合效果不佳,产业链尚未形成,文化旅游产品单一等。

(五)经营管理缺乏创新

由于中国餐饮业发展的起步也较晚,与国际先进的管理水平有着相当大的差距。受资金、经营理念、经营模式的陈旧、管理经验的缺乏及品牌建设细节的忽视、市场推广不力、人力资源短缺等问题影响,餐饮企业始终没有实现赶超发展。在创新方面,温州餐饮业实行的创新工程颇有成效,但主要集中在单个新菜肴的开发,而在整体特色上仍然没有新的突破。温州海鲜虽有特色,不过始终无法引起其他地域人们在口味上更大的认同,不能不说是其创新工程还没有达到最终目的。

三、威胁

(一)外来菜系冲击

随着各地经济的发展,各种菜系和外来洋餐饮已打破地域界限进入温州市场,占据了温州中低端市场大部分份额。温州 900 多万人口中本地居民 700 万左右,来自全国各地的务工人员有 200 多万。随之而来的川菜、湘菜、兰州拉面、沙县小吃遍地开花。外邦菜打开市场后,日本料理、韩国料理、港式茶餐厅相继登陆温州市场。休闲餐厅拉芳舍、舍得坊的“咖啡+螺蛳”模式扰乱了整个瓯菜市场,一些瓯菜馆受到强大冲击,纷纷转型。一些商家和从业人员迫于生计,很大程度上放弃了对温州传统饮食的保护。

(二)传统饮食习俗衰弱

中国的传统节日形式多样,内容丰富,其中饮食习惯文化更是浓厚,是我们中华民族悠久的历史文化的重要组成部分,比如,传统节日饮食习俗、节气饮食习俗、民间信仰中的饮食习俗、人生习俗中的饮食习俗、日常饮食习俗、传统酒宴习俗等文化内涵丰富。但随着经济发展、社会进步、信息技术不断创新,人们的生活节奏加快,工作方式发生变化,本地传统饮食习俗逐渐被人们所淡忘,传统饮食习俗文化内涵被稀释。传统瓯菜也逐渐淡出日常生活,传统瓯菜制作工艺只能成为一项非物质文化遗产项目被保护起来。

(三)行业管理心有余而力不足

温州市餐饮行业管理属于民间自发性组织的非政府组织机构,赋予对成员单位的监督和指导责任。没有政府财政补贴,没有优秀人才任职协会工作,协会处于“没权、没钱、没人”状态,对市场“乱象”管理心有余而力不足。

四、机会

(一)政策支持

在国家倡导弘扬优秀传统文化背景，浙江省大力发展文化产业的鼓励，温州市振兴瓯菜发展时尚产业的政策支持下，瓯菜有了巨大的发展空间。一是瓯菜文化是构成地方优秀传统文化的重要内容，充分挖掘瓯菜文化，振兴瓯菜，有助于宣传和发扬瓯菜文化；二是瓯菜文化是城市文化的重要组成部分，大力挖掘瓯菜文化，有助于城市文化软实力提升；三是瓯菜是时尚的重要元素，2015 年 3 月 10 日发布的《温州市加快推进时尚消费发展实施方案》已经把“传承创新温州美食，加强瓯菜文化研究，发掘温州饮食文化，支持餐饮企业瓯菜菜品创新，积极打造‘瓯菜’总部创新基地，推进‘温州瓯菜博物馆’建设，组织开展瓯菜品牌系列推广活动”列入文件中以待实施下去。

(二)受众群体庞大，市场消费需求增长

温州 900 多万人口中本地居民 700 万左右。海内外旅游人数以年平均 17.32%的速度在快速增长。瓯菜作为餐饮业的重要元素，对温州本地或外地旅游者有着强烈的吸引力。温州旅游打破传统景区的概念要完成“大旅游”的华丽转身，实现旅游强市的宏伟目标，不能仅是激励本地游客走出去，更要吸引外地游客走进来、留下来，细细品味温州魅力，体验温州独特的文化。美食是旅游目的地必不可少的吸引物，温州本地特色美食——瓯菜及瓯菜文化能在大旅游中发挥更加重要的作用。温州旅游业发展必将带动餐饮业的繁荣，餐饮业繁荣也必将推动旅游业的发展，两者相辅相成。

(三)产业融合空间大

瓯菜在某些领域上所表现出来的产业融合现象初显，表现为瓯剧文化引入天一角酒园，餐饮与演艺渗透融合，瓯绣、瓯塑等非物质文化与旅游餐饮融——文化产业园中文化产业与餐饮产业的融合等，但融合路径简单和单一、融合模式处于较低层次。瓯菜资源被开发为瓯菜文化旅游，其融合空间巨大，还需社会各界通力合作研究。

第四节　瓯菜资源开发利用的战略选择

战略是战争术语，而后演化为在相对较长时间内对全局的决策，一般具

有指导性、全局性、长远性、竞争性、系统性、风险性等特点。战略管理是一种重要的管理工具。瓯菜资源开发利用要战略性谋划，为产业融合发展奠定了基础，提供了思路。

一、瓯菜资源开发利用的战略分析

基于前面节对瓯菜资源开发利用的SWOT分析，本节编制表格，将优势和劣势在机会和威胁面前表现的强化关系、负强化关系或无关系。如若表现为强化关系，记为“+”；如若表现为负强化关系，记为“—”；如若无关系，记为“0”，如表4-2所示。

表4-2　瓯菜资源开发利用的SWOT分析

	内部因素	机会			威胁			+	—
外部因素		市场需求大	产业融合空间大	政府政策支持	外来餐饮冲击	传统饮食衰退	行业管理不力		
优势	文化积淀丰厚	+	++	++	+	0	—	6	1
	特色鲜明	++	++	+	+	0	+/—	7	1
	品种繁多	+	++	+	+	+/—	0	6	1
	包容性佳	+	++	++	0	—	+/—	6	2
	烹饪技法独特	+	++	+	+	0	—	5	1
劣势	技艺传承出现断层	+	+	+	——	——	——	3	6
	文化挖掘不够	+	+	+	0	—	—	3	2
	优质食材匮乏	—	+	+	+	0	——	3	3
	产业融合不足	+	+	+	0	0	—	3	1
	缺乏创新	+/—	+	+	+	—	——	4	4
+		10	16	12	6	1	2		
—		2	0	0	2	6	12		

从表4-2所示可得，瓯菜资源开发利用的关键优势为特色鲜明；关键劣势为缺乏创新；关键机会为产业融合空间大；关键劣势为行业管理不力。

二、瓯菜资源开发利用的发展战略

根据对表4-2和表4-3进行分析可得，瓯菜资源开发利用关键优势、关键机会、关键劣势突出，可考虑主要采用SO战略扩大自身优势，采用ST战略和WO战略以自身优势消除劣势和威胁。表格显示SO战略有三条，分别是：深入挖掘传统瓯菜文化内涵；开发瓯菜文化旅游；开发瓯菜旅游商品。ST战略是开发饮食节庆旅游。WO战略是加强瓯菜烹饪技术传承与保护，促进产业融合发展。WT战略是加强瓯菜创新。

表4-3　瓯菜资源开发利用的战略分析表

	O机会	T威胁
	1.市场需求大	1.外来菜系冲击
	2.产业融合空间大	2.传统饮食衰退
	3.政府政策支持	3.行业管理不力
S优势	SO战略	ST战略
1.文化积淀丰厚	1.深入挖掘传统瓯菜文化内涵（S1,S2,S3,S4,S5,O1,O2,O3）	1.开发饮食节庆旅游（S1,S2,S5,T2）
2.特色鲜明	2.开发瓯菜文化旅游（S1,S2,S4,O1,O2,O3）	
3.品种繁多	3.开发瓯菜旅游商品（S1,S2,S3,O1,O2,O3）	
4.包容性佳		
5.烹饪技艺独特		
W劣势	WO战略	WT战略
1.技艺传承出现断代	1.加强瓯菜烹饪技术传承与保护（W1,O1,O2,O3）	1.加强瓯菜创新（W5,T1）
2.文化挖掘不够	2.促进产业融合发展（W2,W4,O1,O2,O3）	
3.优质食材匮乏		
4.产业融合不足		
5.缺乏创新		

第五章

文化旅游产业融合的理论基础

产业融合是瓯菜文化旅游开发的理论基础。关于产业融合理论、文化产业和旅游产业的关系,学界已做了很多探讨,本书的第二章研究综述部分已对现有成果做了初步梳理和分析。本章内容则主要探讨文化旅游产业融合程度、融合机理、融合路径和融合模式。

第一节　文化旅游产业融合基础分析

文化产业与旅游产业共同的特质是融合的基础。对两者融合程度的分析,是文化产业与旅游产业融合效应的检验。

一、文化产业与旅游产业共同特质

(一)同属第三产业经济部门

文化产业和旅游产业作为21世纪的"朝阳产业",同属于国民经济当中的第三产业,且具有重要地位。与第一产业和第二产业的经济部门以及第三产业的其他经济部门相比,文化产业和旅游产业涉及的产品和服务范围更广泛。基于两者的要素特征和活动表现,它们都是与其他产业关联性强、带动面广、资源消耗小的综合性产业。

(二)二者产业地位相当

二者都是娱乐性、体验性、参与性、时尚性产业,文化产业和旅游产业都发挥着教育和休闲娱乐的功能,提供的产品和服务都是为了满足消费者精神文化需求,在消费同时都注重参与性和体验性。消费者对多元化和创新性的产品和服务追求，使得文化产业和旅游产业需不断更新产业结构，才能适应新的市场需求。

（三）二者均无明显的产业边界

文化产业是以文化产品和文化服务为中心而形成的资源配置产业，没有明确的产业边界。旅游产业是以旅游活动为中心而向外辐射形成的资源配置产业，凡是为旅游者活动提供直接或间接服务的行业和企业，都是产业中的重要组成部分，因此，旅游产业也没有明确的产业界限。文化产业与旅游产业之间存在着天然的耦合性，文化产业是旅游产业发展的重要根基和资源，而文化产业通过旅游产业可实现文化资源的创新和增值。在现实中两者所表现出的强关联性，表明两者已经由独立经营走向融合发展。

二、文化产业与旅游产业融合基础

（一）经济基础

文化产业和旅游产业都是经济发展到一定阶段的产物。旅游发展成为产业，发生在近代产业革命以后，主要是有闲和有钱这两大条件催生人们旅游的需要。没有经济基础做保障，旅游经济难以产生，也就不可能出现旅游产业。文化产业也是在解决温饱以后再发展的。随着生活物质条件改善和休闲体验时代的到来，旅游者的消费需求逐渐从物质满足转向更深层次的精神文化追求。坚实的经济基础是文化产业和旅游产业出现的条件，也是两者融合的土壤。

（二）产业基础

文化产业和旅游产业都是高关联度产业。旅游产业新业态迭出不穷，与文化渗透密不可分。文化产业高产业关联度和强产业渗透力，表现出与很多产业融合发展，延伸文化产业链。因此，文化旅游产业融合繁荣期已经到来，旅游消费将向文化消费提升，文化消费将成为旅游消费的重要内容。

（三）市场需要基础

随着人们可支配收入的不断提高、消费能力升级，旅游者的需求由传统观光转向文化休闲，需求趋向多元化、个性化、文化化、体验化。越来越多旅游者意识到旅游就是花钱买一种体验、一段经历或者一个符号，即通过休闲体验消费来满足自我精神文化需要。这种需求为文化旅游产业融合提供了巨大的市场需求，催生出更多深度文化体验产品，为其蓬勃发展带来了良好契机。

三、文化产业与旅游产业融合程度

(一)灰色关联度概述

当前文化产业和旅游产业融合到什么程度了？和其他产业相比融合超前还是滞后了？本书运用灰色关联度来分析旅游和文化产业的融合程度。灰色关联度经常被用来研究不同产业及相关产业各要素之间的相关程度。[①]本书根据灰色关联度的计算方法，对所需数据进行搜集、整理并分析以便准确计算出旅游产业和文化产业的融合程度。灰色关联度模型的研究方法如下：

(1)参考序列一般记为：

$\{X_0(t)\}=\{X_0, X_{02}, \cdots, X_{0n}\}$

与参考数列做关联比较的数列为

$$\{X_1(t), X_2(t), \cdots, X_{10}(t)\}=\left\{\begin{matrix} X_{11}, X_{12}, \cdots, X_{1n} \\ X_{21}, X_{22}, \cdots, X_{2n} \\ \vdots \\ X_{m1}, X_{m2}, \cdots, X_{mn} \end{matrix}\right\}$$

公式中：n——比较数列的数据个数

m——参考数列的数据个数

(2)由于原始数据的量纲及数量级都不相同，难以比较，需要对时间序列的原始数据进行相关处理。因此在进行灰色关联度分析前应进行无量纲化处理。本书采用初值化进行处理，即用同一数列的所有数据除以第一个数据，得到一组定基发展速度序列。

(3)求关联系数

找到极大值和极小值，求出参考数列 $X_0(t)$ 与各比较数列 $X_i(t)$ 之间的差列，即 $\Delta_i(t)=|X_0(t)-X_i(t)|$　　(1)

从差列 $\Delta_i(t)$ 中找出最小值和最大值：

$\min|X_0(t)-X_i(t)|, \max|X_0(t)-X_i(t)|$

---

① 汪炜：《上海金融业与其相关产业灰色关联度研究》，《华东经济管理》2012 年第 4 期，第 1—2 页。

最后从不同比较数列中取最小值、最大值：$\max\max|X_0(t)-X_i(t)|$ $\min\min|X_0(t)-X_i(t)|$

(4)取分辨系数 $0<\rho<1$。

(5)求关联系数

$$z_i(t)=\frac{\min\min|X_0(t)-X_i(t)|+\rho_{\max\max}|X_0(t)-X_i(t)|}{|X_0(t)-X_i(t)|+\rho_{\max\max}|X_0(t)-X_i(t)|}\rho_{\max\max} \tag{2}$$

$(i=1,2,\cdots,m)$

(6)求关联度

$$r_i=\frac{1}{n}\sum_{t=1}^{n}Z_i(t)\quad(i=1,2,\cdots,m) \tag{3}$$

(二)文化产业与旅游产业融合程度比较分析

为获取旅游产业及相关产业的统计数据，本书收集和整理了2006—2012年全国文化产业、旅游产业、房地产业、金融产业增加值的有关数据，如表5-1所示。

表5-1　2006—2012年全国旅游产业与文化产业及其他产业增加值(单位：亿元)

产业	2006	2007	2008	2009	2010	2011	2012
旅游产业 $X_0(t)$	1255	2022	643	1300	2816	6801	3245
文化产业 $X_1(t)$	1325	1363	1631	2231	2496	3007	3447
房地产业 $X_2(t)$	9664	13810	14739	18655	22782	26784	29360
金融产业 $X_3(t)$	8490	12318	14863	17768	20981	24958	28327

* 数据来源：2006—2014年《中国统计年鉴》，2014年产业增加值统计到2012年止。

(1)2006—2012年中国旅游产业增加值为参考序列 $X_0(t)$，以文化产业 $X_1(t)$，房地产业 $X_2(t)$，金融产业 $X_3(t)$ 为比较序列，建立模型。

(2)文本采用均值化法 $X_i^1=\frac{X_i}{X}$，保证了保留变量变异程度信息的同时数据的可比性问题。[①] 数据进行无量纲化处理，如表5-2所示。

① 韩胜娟：《SPSS聚类分析中数据无量纲化方法比较》，《科技广场》2008年第3期，第230页。

表 5-2 无量纲化处理后的数据

产业	2006	2007	2008	2009	2010	2011	2012
旅游产业 $X_0(t)$	0.3793	0.6192	0.3934	0.5762	0.9628	2.7024	1.3666
文化产业 $X_1(t)$	0.5984	0.6155	0.7366	1.0075	1.1272	1.3580	1.5567
房地产业 $X_2(t)$	0.4982	0.7119	0.7598	0.9616	1.1744	1.3807	1.5135
金融产业 $X_3(t)$	0.4654	0.6752	0.8147	0.9739	1.1500	1.3680	1.5527

(3)计算比较数列和参考数列的绝对值,得出最大值和最小值。

(4)从表 5-3 中找出序列中的最大值与最小值。

表 5-3 详细数据计算表

	Δ1	Δ2	Δ3	Δ4	Δ5	Δ6	Δ7
$(X_1 t)$	0.2191	0.0037	0.3432	0.4313	0.1644	1.3444	0.1901
$(X_2 t)$	0.1188	0.0927	0.3664	0.3854	0.2116	1.3217	0.1468
$(X_3 t)$	0.0860	0.0560	0.4213	0.3977	0.1872	1.3343	0.1861

(5)本书去分辨系数 $\rho=0.35$。ρ 取值没有量化,学界一直是一种经验选取法。ρ 取值较小,能克服奇异值的支配作用。① 2011 年的数据变异较大,因此 $\rho=0.35$,并用式(2)计算出关联系数,如表 5-4 所示。

表 5-4 旅游产业与相关产业的关联系数

产业	2006	2007	2008	2009	2010	2011	2012
文化产业 $X_1(t)$	0.6877	1.0000	0.5828	0.5258	0.7469	0.2613	0.7179
房地产业 $X_2(t)$	0.8047	0.8421	0.5667	0.5541	0.6952	0.2646	0.7682
金融产业 $X_3(t)$	0.8521	0.9007	0.5318	0.5462	0.7210	0.2628	0.7223

(6)将表 5-4 数据代入式(3),求的关联度如表 5-5 所示。

① 东亚斌、段志善:《灰色关联度分辨系数的一种新的确定方法》,《西安建筑科技大学学报》(自然科学版)2008 年第 8 期,第 590 页。

表 5-5　旅游产业与相关产业的关联度

产业	文化产业 X_1	房地产业 X_2	金融产业 X_3
关联度	0.6461	0.6422	0.6481

最后结果显示，$X_3>X_1>X_2$，即以旅游产业为参考序列的灰色关联度依次为：金融产业>文化产业>房地产业。旅游产业与金融产业的关联度最高，这是因为旅游是一种经济产业，并且已经成为国民支柱产业，同时也是创汇的重要手段，旅游的各个环节都与金融产业密不可分。旅游产业与文化产业关联度其次，这取决于文化与旅游密不可分的关系，二者进入融合状态，并且表现得越来越强劲。旅游和房地产业关联度最低，说明二者融合空间巨大。

(三)温州地区文化产业与旅游产业融合程度比较分析

知晓温州地区文化产业和旅游产业融合程度，相对全国情况比较二者处于什么位置，对研究二者融合发展意义重大。

计算过程跟上面一样。将数值整理（表 5-6）代入公式（过程省略），系统显示。

表 5-6　2006—2012 年温州市旅游产业与文化产业及其他产业增加值(单位:亿元)[①]

产业	2006	2007	2008	2009	2010	2011	2012
旅游产业 $Y_0(t)$	38	30	32	32	68	53	89
文化产业 $Y_1(t)$	8	10	14	15	16	19	24
房地产业 $Y_2(t)$	94	110	126	133	141	171	193
金融产业 $Y_3(t)$	107	143	207	218	274	355	356

结果如表 5-7 和 5-8 所示。

表 5-7　温州地区旅游产业与相关产业的关联系数

产业	2006	2007	2008	2009	2010	2011	2012
文化产业 $Y_1(t)$	0.4017	0.8192	0.3824	0.3303	0.3306	0.5018	0.4149
房地产业 $Y_2(t)$	0.6478	0.4844	0.3950	0.3512	0.3071	0.5321	0.2784
金融产业 $Y_3(t)$	0.3366	0.9999	0.4362	0.3873	0.4153	0.2852	0.3410

① 数据来源：2014 年《温州市统计年鉴》。

表 5-8 温州地区旅游产业与相关产业的关联度

产业	文化产业 Y_1	房地产业 Y_2	金融产业 Y_3
关联度	0.4544	0.4280	0.4573

最后结果显示：(1) $Y_1 > Y_2 > Y_3$，即以旅游产业为参考序列的灰色关联度依次为：金融产业＞文化产业＞房地产业。旅游产业关联度关系与国家大产业情况一样。(2)温州地区产业关联度比国家大产业关联度小，其主要原因是温州产业间融合尚处起步阶段，产业间融合多数属于延伸型融合，层次较低，融合的效果不明显。同时，说明温州地区旅游产业与其他产业存在巨大的融合潜力和发展空间。

第二节 文化旅游产业融合机理研究

机理是指为实现某一特定功能，一定的系统结构中各要素的内在工作方式以及诸要素在一定环境条件下相互联系、相互作用的运行规则和原理。文化产业与旅游产业基于“文化”和“旅游”之间先天性的相互作用的关系，使得两者之间相互渗透、相互作用形成了融合发展，以致产生了新产品、新技术、新业态和新模式。因此，产业融合将有利于融合发展的固有关系、规律和原理归纳为机理。这些机理构成了文化产业和旅游产业能够融合发展的理论基础和作用原理。本书认为共生机理和价值解构与重构机理是文化产业和旅游产业融合的两大机理。

一、共生机理

共生又叫互利共生，是两种生物彼此互利地生存在一起，缺此失彼都不能生存的一类种间关系，是生物之间相互关系的高度发展。共生是生物学术语，而后被广泛用于经济领域研究。本书认为文化旅游产业融合共生机理就是文化和旅游两个产业系统通过整合有利自身更好生存的因素产生互利、互融、互促的过程而融为一体的现象。主要体现在以下几个方面：

第一，“文化”与“旅游”的先天依存关系。从旅游资源的文化属性看：文化是旅游的“灵魂”，没有文化的旅游就没有魅力。文化孕育着各类旅游资源，旅游资源的开发与鉴赏需要进行文化解读。因此，文化性是旅游的本质属性。旅游作为文化的重要载体，为文化的交流和传播提供了平台，为文化资源的开发提供了载体，也为文化产业的发展注入了强大动力。旅游因为文化的渗透而变得丰富多彩，富有品位；文化因为旅游的开发而变得生机勃勃，富有活力。“文化”与“旅游”相互影响相互依存的关系是先天性的，不是因为产业融合后而加强，也不是因为技术发展、政府放松管制、企业追求利益最大化而产生的。这种先天依存关系是融合的基础。

第二，“选择”与“共生”是文化旅游产业的形成过程。虽然“文化”与“旅游”是先天依存关系，但并不意味着文化产业与旅游产业之间可以进行任意耦合。文化旅游产业或者旅游文化产业形成必然先有选择，而后共生。

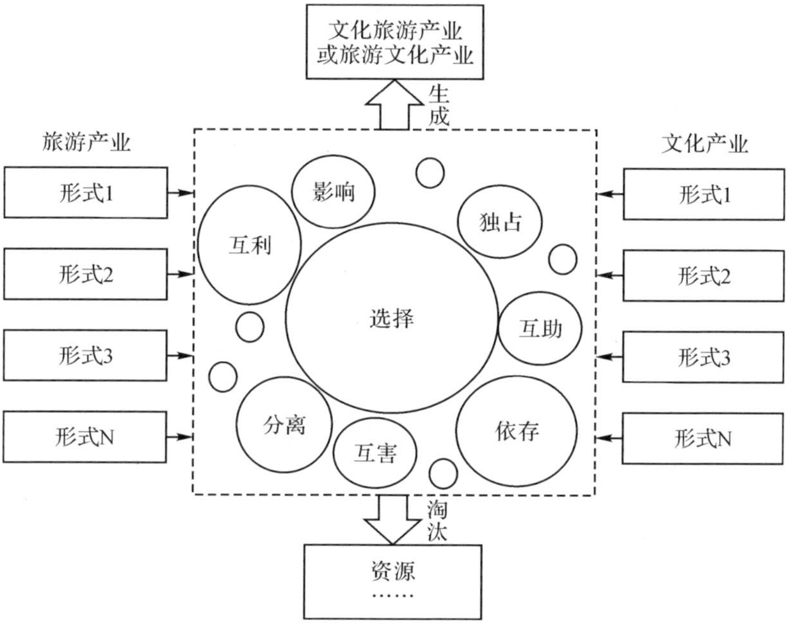

图 5-1　文化产业和旅游产业共生机理融合过程

选择形式表现为：互利、影响、独占、互助、依存、互害、分离等关系，旅游产业和文化产业经过实践能产生互利、互助、依存关系的则生成文化旅游产业或旅游文化产业，资源之间相互反作用而产生分离、互害、独占作用的，那么会在融合过程中遭到淘汰，而被分流出来。相应资源在进行了是否可以融合的选择后，形成共生，产生互融。其具体表现：一是旅游企业为了满足旅游者的精神文化需要，只有不断挖掘旅游产品的文化特色，才能对旅游者形成核心吸引力;文化层次的竞争是旅游企业间竞争最终的高级形态,只有文化内涵丰富的产品或技术才是企业持久发展的根本。二是文化产业虽然有自身的发展方式,但通过与旅游产业融合能有效增加人们对旅游文化的认知,实现文化资源的创新和增值。文化为旅游增加内涵,而旅游为文化创造市场。站在旅游的角度看,抓住文化就抓住了核心价值;站在文化的角度看,抓住旅游就抓住了一个巨大市场。由上述可见,旅游产业和文化产业相互融合,相得益彰,共同繁荣,也可见融合的动力主要来源于企业利益最大化的追求。

第三,地方特色的文化旅游产业与区域优势的共生关系。旅游与文化的有机结合还可以丰富文化的内涵,提升文化的价值,使文化焕发出独特的地域魅力。① 这种共生关系主要表现为以下两种形式:一是以地域人文特色和传统文化资源为核心,将创意性活动作用于文化旅游产业与地域特色优势(自然、历史、文化、社会)而形成的文化旅游产品;二是以旅游者为主体、区域文化为背景而形成的创意文化旅游体验活动。综合以上两种形式,充分整合和盘活区域内的各项优势资源,弘扬当地的历史文化特点,形成文化旅游产业融合发展的突出特色,由此形成的就业机会能促进增加和人才、资金的涌入,进一步促进区域发展、提升区域形象,扩大区域内外的文化交流和旅游发展,从而能够提升区域形象和发展软实力,形成良性递进式循环,实现经济利益的"双赢"。

二、价值解构与重构机理

资源进行选择是否融合的过程,就是一个价值识别、创造、重构的过程。多种资源生成新的资源时,新资源的单体价值大于或等于前面两种资源单体价值,这种融合便是以价值导向的融合。因此,在产业融合过程中,旅游产业和文化产业的一些先行企业通过对各自企业价值链上的价值活动进行细分,以识别出自身活动的价值优劣与多少,然后借助技术手段的创新,突破原有的产业边界,渗透或延伸至彼此的传统产业活动领域,再结合其内部价值活动对两大产业价值活动进行优化重组、整合与创新,最终优化整合而

---

① 曹诗图、沈中印、刘晗:《论旅游产业和文化产业的互动与整合——以湖北省宜昌市为例》,《特区经济》2005 年第 10 期,第 13—20 页。

成涵盖有两大产业核心价值活动的新价值链，实现两大产业的融合发展。[①]但总体来说，都会经历以下过程：参与融合的相关产业价值链的解构；价值环节的截取与选择；融合后旅游产业价值链的重构(图 5-2)。[②]

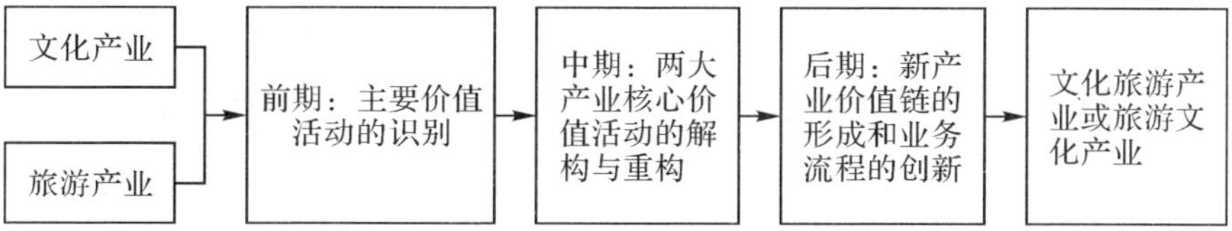

图 5-2　产业融合价值链解构和重构形成过程

(一)参与融合的相关产业价值链的解构

当旅游产业和文化产业进行融合时，原有产业的价值链会进行解散，使各价值链活动环节形成一种混沌状态的价值网。比如传统特色餐饮的当地引入旅游开发模式，凭借旅游者带来的消费就地形成市场，原有产业价值链中产品销售渠道的环节就发生裂解。

(二)价值环节的截取与选择

原有的价值链分解成一个个链环，这些价值生产的链环处于混沌状态，相互之间形成一定路径模糊的网络；然后，融合过程会依据市场对这些价值链环进行筛选，将有融合价值的活动单元截取出来。[③] 比如，消费者消费传统特色餐饮已不再仅仅关注菜肴本身口味，了解产品背后的文化、菜品的生产过程、菜品的烹饪技术往往也成为消费者做出选择的重要依据。基于市场需求对价值环节进行的截取和选择，不仅提升了传统产品的附加值，也加强了产品的营销。

(三)融合后旅游产业价值链的重构

在融合过程中，最终目的不是价值链的解构和核心价值环节的截取，价值链的解构是为了得到更好的重组。旅游产业和文化产业融合发展最终的实质是要将两者产业价值链上的价值链环重新进行组合，进行优化，实现价值创造和创新。改变原有产业产品和服务以满足潜在需求不仅仅是价值链

---

① 张海燕、王忠云：《旅游产业与文化产业融合发展研究》，《资源开发与市场》2010年第4期，第322—326页。

② 李美云：《服务业的产业融合与发展》，经济科学出版社2007年版。

③ 杜义飞、李仕明：《产业价值链：价值战略的创新形式》，《科学学研究》2004年第10期。

重构的目的,将原有产业的价值链要素结合成具有互补性的价值增值实现1+1>2的效用,才是终结目标。

三、产业融合效用分析

由于文化产业与旅游产业融合是在市场需求、技术进步、管制放松等外部因素和企业管理创新、利益驱使等内部因素的推动下,旅游产业和文化产业相互交叉、相互渗透,逐步形成新的产品形式或新的产业形态的动态发展过程,如图5-3所示。

首先,文化产业对旅游产业的推动作用有:文化提升了旅游资源的内涵和品位;文化扩展了旅游资源和旅游产品的种类和数量;文化发掘和包装为旅游地旅游开发注入新的活力;文化运用为旅游者创造更为高层次的精神文化体验;文化促进旅游业的持久健康发展。这主要取决于文化产业在融合中对旅游产业的渗透效应和提升效应。

其次,旅游产业对文化产业的促进作用有:旅游丰富了文化的内涵,旅游产业的介入扩大了文化产业的市场空间;旅游是文化开发的有效载体;旅游使得文化产品生产规模化;旅游是文化交流与传播的有效形式;旅游拓宽了文化产品销售渠道;旅游促进了文化经济效益和社会效益的提高;旅游促进了民族文化的保护和传承。这主要取决于旅游产业在融合中对文化产业具有引致效应和扩散效应。

因此,文化旅游产业融合能够催生新的产业形态、新的产品,以满足旅游者多元需求;能够促进产业创新,完成产品和服务升级与产业结构优化;能够创新产业链,通过产业链解构与重构而实现价值增值;能够促进文化旅游产业一体化发展,形成核心竞争力和产业竞争力。因此产业融合是两大产业转型升级、实现跨越的内在规律和必然趋势。

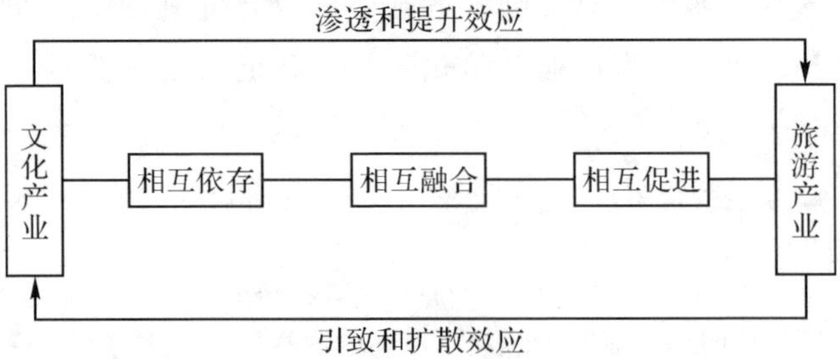

图5-3 文化产业和旅游产业融合的作用和效应

第三节　文化产业与旅游产业融合路径研究

在市场需求分析基础上，在技术创新、产业活动的政府管制或企业运作管理的创新以及市场需求改变等内外部动因的推动下，文化旅游产业催生出多种多样的新型业态，它们即构成了旅游融合的多种类型。然而各种产业在自身基础特色、功能作用、技术优势、特色等方面的不同，以及它们与旅游产业关联方式的不同，各融合途径也各不相同。[①] 其过程是摸清市场，找准契合点即“融点”，融解创新，形成不同的路径。经过整理，大致上存在以下六种路径，如图 5-4 所示。

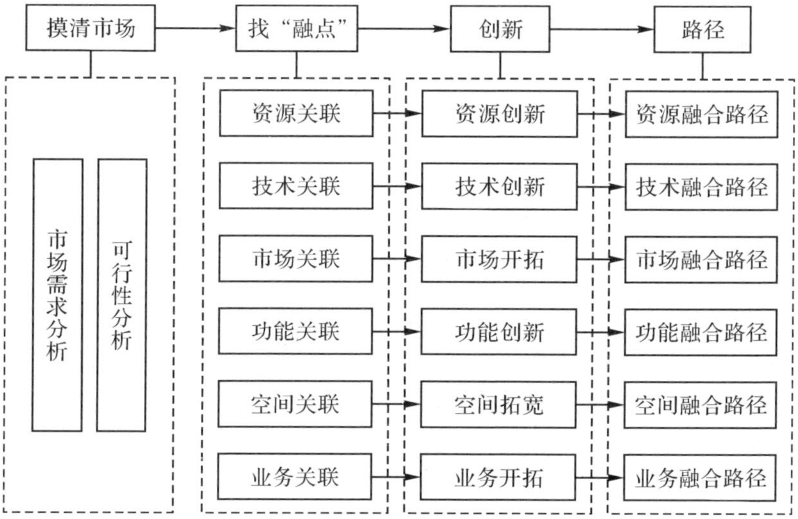

图 5-4　产业融合路径分析图

一、资源融合路径

资源融合路径主要是指其他产业以旅游资源的形式而融入旅游产业，即其他产业的生产经营活动及其产品通过精心策划组织和创新性开发利用，形成新型的旅游产品，从而丰富旅游产品类型，满足多样化的旅游需求。如农业旅游，以农业生产过程、农村风貌、农民劳动生活场景、旅游者农活体

---

① 麻学锋、张世兵、龙茂兴：《旅游产业融合路径分析》，《经济地理》2010 年第 4 期，第 696—698 页。

验为主要吸引物的旅游活动。

二、技术融合路径

任何产业的发展壮大过程都离不开创新,只有善于创新和不断进步的产业才能在激烈的竞争中生存下来。对于日益变化的旅游市场来说,只有创新性设计开发新型的旅游产品,才能满足市场需求。旅游创新必须以一定的技术手段为依托,甚至把最前沿的技术融入旅游业,形成新型的旅游业态。旅游产业的技术融合主要是通过创新、创意和新技术来实现,比如旅游业与动漫产业、文化创意产业等产业的融合,具代表性的有《印象・刘三姐》、西湖烟雨等创意旅游产品。

另外,旅游信息技术引领旅游业往高新技术产业融合。为旅游资源整合、设施建设、项目开发、市场开拓、企业管理、营销模式、咨询服务等领域带来了变革,为产业体制创新、经营管理创新和产品市场进行了创新。比如时下热门话题——智慧旅游。因此,技术型融合使旅游业提高了技术含量,为旅游业注入了新的活力。

三、市场融合路径

市场是企业产品得以盈利的转化场地,目前,从经济发展态势看,旅游市场无疑是人气最旺、流动性最好、消化力最快、容量最大的市场。各相关产业的企业为保持、提升自身的核心竞争力转战各个细分市场,瞄准旅游市场寻找发展契机。比如商务旅游、奖励旅游、会展旅游等形式,是相关产业融入旅游业的有效路径。

四、功能融合路径

功能融合是指以融合主体双方所具有的类似功能特点,为两者相融合的切入点进行共融的路径。功能融合使旅游的某项功能得以凸显和深化,同时又使该融入产业开拓了功能发挥的途径,能够使相互有关联的产品为彼此带来业务和更大市场份额,培育出更加符合市场需要的产品和服务,比如教育旅游、体育旅游、休闲旅游等。

五、空间融合路径

空间并不仅仅是地理意义上的空间,还包括文化空间和生活空间。创意产业和旅游产业快速发展的一些旅游目的地或旅游城市,与之相适应的旅游地理标志、标志性景观和创意空间高度集聚和融合，其目的就是凸显其独特的文化来吸引旅游者。同时，这些区域的创意空间因其自身的文化、创意和艺术而成为地区主要的旅游吸引物，由此围绕创意空间而成为区域旅游重要的目的地、集散地与中心地。

六、业务融合路径

本书认为业务融合、产品融合路径的主体是企业，是企业对产业融合的最终执行和实施。技术融合和市场融合是企业对产业融合的过程处理和有效模式。文化旅游产业融合的直接结果便是大量企业或行业的出现，比如文化旅游业、文化会展业、文化创意产业、动漫业、娱乐业等。新企业、新行业出现，是因为产业融合终极执行产品融合导致新产品、新业态出现。这种更迭现状若表现为较低层次，会导致原有的产品体系更加完善；如果表现为较高层次，会导致原有产品体系瓦解、重新构成。这个过程其本身就是融合过程。相应地，产品分类、评价、标准也应重新制定，以适应业务重组与优化。同样，融合了两大产业的特点且利用同一的运作平台的融合形式，直接导致了企业组织内部结构的创新，“使得组织结构开始由纵向一体化向横向一体化、混合一体化与虚拟一体化转变”[①]。因此正是企业层面的不断融合才使两大产业融合后的整体结构得以逐渐形成。

第四节　文化产业与旅游产业融合模式研究

模式可以看作是“系统内部或系统之间各相关要素之间的组合方式以及运作流程的范式”。通常来讲，产业融合模式就是“产业针对特定对象进行的具有某种特色的融合方式和融合特点的概括性描述”。

旅游产业和文化产业关联度高，但没有明显的产业外延，因此两个产业在融合过程中的发展模式也不相同。[②] 多数学者结合两大产业的特征，从融合的层次和融合的深度，将文化旅游产业融合模式分为延伸型、重组型和渗

---

① 张海燕、王忠云：《旅游产业与文化产业融合发展研究》，《资源开发与市场》2010年第4期，第322—326页。

② 李太光、张文建：《旅游产业转型升级中的业态创新》，《中国旅游报》2008-06-18。

透型三种模式[①]，如表 5-9 所示。

表 5-9　旅游产业与文化产业的融合类型和产品形式

<table>
<tr><th>融合的模式类型</th><th>文化旅游产品融合类型</th><th>文化旅游产品代表</th></tr>
<tr><td rowspan="4">延伸型融合</td><td>实景演艺业</td><td>“印象系列”</td></tr>
<tr><td>文化创意产业园区</td><td>上海新天地</td></tr>
<tr><td>影视旅游基地</td><td>浙江横店影视旅游基地</td></tr>
<tr><td>美食旅游</td><td>台湾夜市</td></tr>
<tr><td rowspan="6">重组型融合</td><td rowspan="2">节庆旅游</td><td>青岛啤酒节</td></tr>
<tr><td>洛阳牡丹节</td></tr>
<tr><td rowspan="3">赛事旅游</td><td>北京奥运会</td></tr>
<tr><td>上海世博会</td></tr>
<tr><td>西安世园会</td></tr>
<tr><td>会展旅游</td><td>广州交易博览会</td></tr>
<tr><td rowspan="4">渗透性融合</td><td rowspan="3">主题公园</td><td>迪斯尼乐园</td></tr>
<tr><td>深圳华侨城</td></tr>
<tr><td>北京欢乐谷</td></tr>
<tr><td>电影城</td><td>万达汉秀影城</td></tr>
</table>

一、延伸型融合模式

延伸型融合主要通过产业间经济活动的功能互补和延伸来实现产业间融合，延伸发生在各产业价值链的环节。这种延伸性融合打破了原有的产业边界，促进了旅游产业和文化产业的融合。[②] 根据旅游和文化产业融合的延伸方向分为旅游产业向文化产业延伸融合和文化产业向旅游产业延伸融合两种模式。

（一）旅游产业向文化产业延伸融合

旅游产业向文化产业延伸融合主要指两大产业通过功能互补来实现两

① 程晓丽、祝亚雯：《安徽省旅游产业与文化产业融合发展研究》，《经济地理》2012 年第 9 期，第 161—165 页。

② 宋子千：《旅游业应增强产业融合的主动性》，《旅游学刊》2011 年第 4 期，第 7 页。

者之间的融合[①]，以文化产业园区、文化旅游产业区等旅游功能来实现旅游产业和文化产业融合为主要表现形式[②]。旅游向文化产业融合主要表现在融合环节中的设计构思、生产制作方面，如图 5-5 所示。将文化演艺赋予旅游功能便形成了实景演艺业，实现文化产品由旅游者来购买；将文化产业园区赋予旅游功能便产生了文化创意园区和旅游文化产业区[③]，如上海新天地。其中还有影视和文化产业价值链向旅游产业延伸产生的影视旅游和美食旅游，如浙江横店影视基地和台湾夜市。

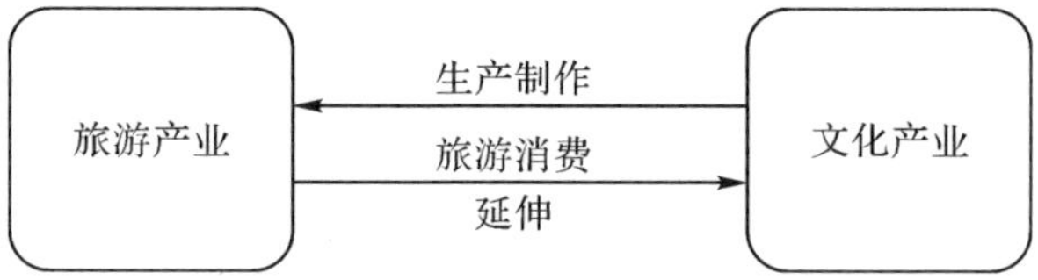

图 5-5　旅游产业向文化产业延伸融合模式

(二)文化产业向旅游产业延伸融合模式

文化产业向旅游产业的融合经过几年的发展，已较为成熟，如深受游客青睐的“印象系列”。单纯的桂林山水难以吸引游客长期停留消费，但赋予文化内涵的实景演艺《印象·刘三姐》将文化表演与自然山水相融，通过文化产业的传播与营销吸引了游客的眼球，延长了游客的停留时间，从而刺激了旅游消费。从《印象·刘三姐》到《印象·西湖》，这些大多是当地政府和企业借助高科技手段，将创意元素融入旅游产品中，以旅游资源为载体实现旅游文化产业融合来延长产业链和旅游文化产业的生命周期[④]，如图 5-6 所示。将影视基地赋予旅游功能而产生的影视旅游及其衍生的相关产品，还有餐饮与文化演艺融合形成的美食旅游及其相关衍生品，它们都是文化产业向旅游产业延伸融合模式的代表。

---

① 杨春光：《着力促进宁夏文化与旅游产业融合发展》，《求实》2012 年第 1 期，第 56—59 页。

② 徐仁立：《旅游产业与文化产业融合发展的思考》，《宏观经济管理》2012 年第 1 期，第 61—62 页。

③ 刘志勇、王伟年：《论创意产业与旅游产业的融合发展》，《产业研究》2008 年第 8 期，第 4 页。

④ 侯建娜、杨海红、李仙德：《旅游演艺产品中地域文化元素开发的思考——以〈印象·刘三姐为例〉》，《旅游论坛》2010 年第 3 期，第 5 页。

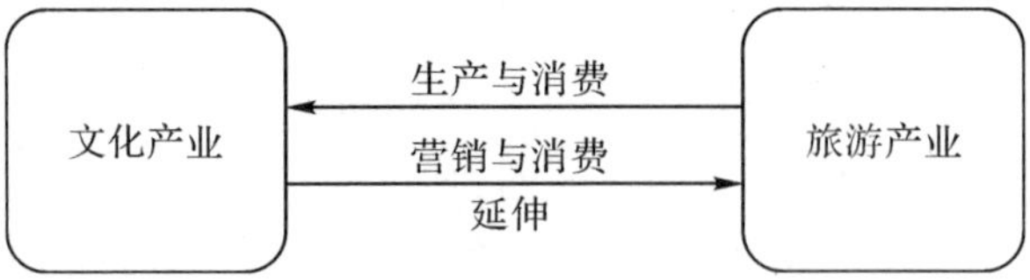

图 5-6　文化产业向旅游产业延伸融合模式

二、重组型融合模式

本章第二节提到，价值解构与重构机理是产业较深度融合的过程表现。重组型融合模式顾名思义就是打破原有的旅游和文化产业的价值链，提取其中的核心价值环节，经过资源整合和产业重组构建兼具旅游产业和文化产业特质的新旅游文化产业链。这种融合模式促进了产业的升级转型。[①]文化产业和旅游产业借助节庆、赛事、会展等平台，通过产业活动重组来实现融合。主要表现为以青岛啤酒节和洛阳牡丹节为代表的节庆旅游，以北京奥运会、上海世博会以及西安世园会和厦门环岛国际马拉松比赛为代表的赛事旅游，还有以西安曲江会展中心为代表的会展旅游。以节庆、赛事和会展为纽带，实现了旅游产业和文化产业重组，推动了旅游产业和文化产业的深度融合，如图 5-7 所示。

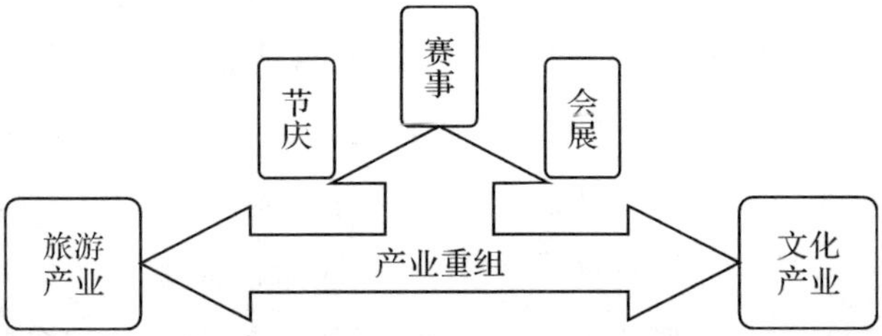

图 5-7　重组型产业融合模式

三、渗透性产业融合模式

产业融合在技术创新的驱动下，其实质是创新，结果导致旅游和文化产业的价值链环节全部或部分渗透到另一产业中。旅游和文化产业价值链环节相互交融，由于新型产业融合了原产业的价值链内涵，因而具有更强的产

① 宋婕：《产业融合对产业结构升级的影响研究——以四川省为例》，西南政法大学 2011 年硕士学位论文。

业增值能力。渗透性产业融合模式主要分为旅游产业向文化产业渗透和文化产业向旅游产业渗透两种[①]，如图 5-8 所示。

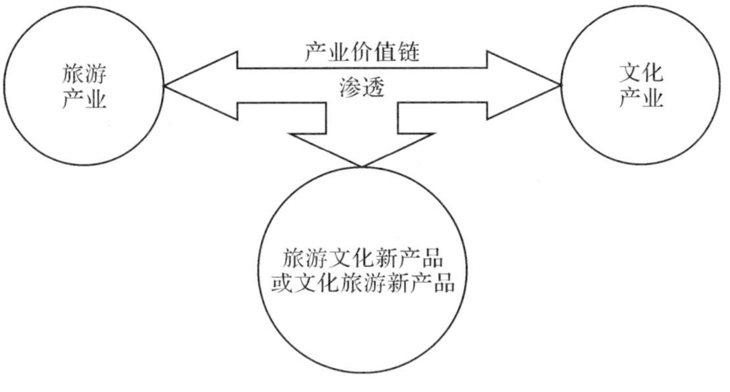

图 5-8　旅游文化产业渗透性融合模式图

(一)旅游产业向文化产业渗透融合

这种融合方式主要就是景区景点通过文化挖掘，凸显景点景区文化性，增加景区景点的附加值。最具代表性的便是深圳的动漫科技园，其借助动漫产业的表现手法和高新技术手段，通过动漫产业的传播方式和营销渠道来推广真实的景点。以旅游景点所在的自然和人文空间为动漫产业和网络游戏的载体，使得自然和枯燥的旅游资源动态化，而使虚拟抽象的动漫产品和网络游戏具体化、生动化。

(二)文化产业向旅游产业渗透融合

文化产业向旅游产业的渗透融合主要是各种成熟的文化产品凭借其内容和市场优势，借助高新技术手段和管理创新的契机，融合参与性、娱乐性、体验性、文化性和休闲性等创新理念，吸引旅游者，成为旅游吸引物，被开发成为旅游产品。而原有文化产品通过旅游平台以更快的速度提升了知名度和影响力。以 2014 年武汉万达"汉秀"最为典型。"汉秀"一上市就震撼了世界，一票难求，"汉秀"高科技在演艺界的应用达到了极致，成为中国文化新标志，世界文化新品牌。

因此，渗透性融合对旅游产业和文化产业融合的程度要求高，是三种融

① 张辉、黄雪莹:《旅游产业融合的几个基本论断》,《旅游学刊》2011 年第 4 期，第 5 页。

合类型中融合程度最高的。

四、三种旅游文化产业融合特征与关系的比较分析

(一)三种融合模式的特征分析

如表5-10所示,延伸型产业融合是耗费时间最短,产业间最初、最浅显的融合形式,这种融合一般发生在产业价值链的生产制作和消费环节,是产业融合的初级阶段。通过赋予文化产业园区以旅游功能来盘活文化资源,增加旅游门票收入,提升文化产品价值。同时可根据与旅游产业高度相关性的产业特征和文化产业高内涵属性,设计制作文化旅游纪念品来满足游客的休闲体验需求,这不仅延伸了旅游文化产业链,还提高了旅游的吸引力和文化的影响力。

与延伸型融合相比,重组型融合需要打破原有的产业价值链,并提取其中的核心价值链环节重组新的产业价值链,是产业融合的中级阶段。旅游产业和文化产业中融合节庆、赛事、会展旅游正是提取产业中生产和制作环节与消费体验的核心环节,从而重组新的旅游文化产业价值链。[①]

在重组型融合的基础上,借助技术创新的动力,旅游产业和文化产业发展到了渗透型融合的高级阶段。旅游产业价值链融合到文化产业的生产与消费等核心价值链环节,活化了文化资源并增强了文化资源的参与性和体验性。文化产业价值链融入旅游产业价值链的核心环节,不仅创新了旅游景点,更提升了旅游文化内涵。

表5-10　三种融合模式的特征比较分析

融合模式	融合阶段	融合程度	融合方式
延伸型融合	初级阶段	浅层融合	延伸产业价值链
重组型融合	中级阶段	中度融合	重组产业价值链
渗透型融合	高级阶段	深度融合	融入另一产业价值链

(二)三种融合模式的互动关系分析

三种融合模式的特征比较分析,可见三种融合模式之间是互相递进的关系。在利益的推动下,旅游产业和文化产业价值链互动延伸,形成延伸型

① 于雪梅:《在传统与时尚的交融中打造文化创意区——以民主德国援华项目北京798厂为例》,《德国研究》2006年第1期,第3页。

融合，即旅游文化产业的初级阶段。为满足追求文化性、娱乐性、体验性的游客需求，旅游产业和文化产业尝试重组产业价值链，创新产品和服务，形成了重组型融合模式。随着技术创新的不断发展，旅游产业和文化产业逐渐借助高新技术，尝试将旅游产业价值链中的核心环节融入文化产业，或将文化产业核心价值链融入旅游产业，实现深度融合的渗透性融合。三种融合模式互动关系，如图 5-9 所示。

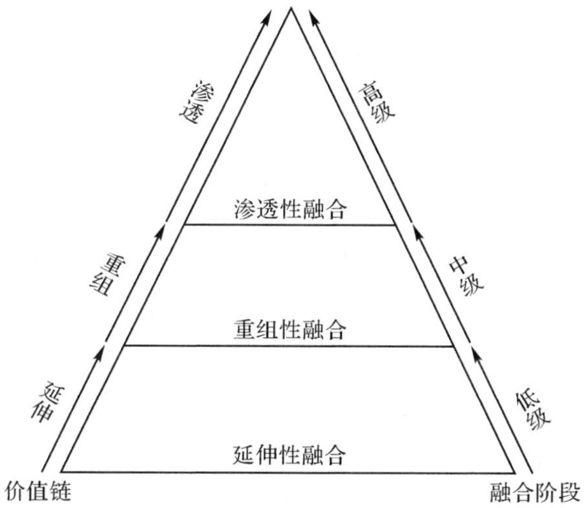

图 5-9　三种产业融合模式关系图

(三)三种融合模式的发展程度比较

从融合所需条件上看，延伸型产业融合发展模式受政府政策推进和资金门槛低等因素影响，最容易实现；受技术创新、资金需求和人才缺乏的限制等因素影响，渗透型产业融合发展模式最难实现；而重组型产业融合发展模式实现难度介于两者之间。不同地区应当针对自身的历史文脉、经济发展现状、旅游发展状况、产业条件等来选择适宜发展的产业融合模式。目前，以旅游演艺为代表的延伸型融合模式和以会展节庆为代表的重组型融合模式发展较为成熟，渗透型融合模式因层次高、难度大，发展、所需资金多，成功案例较少，但在我国新时期经济发展新常态下，各地政府、企业已经意识到渗透型产业融合模式空间巨大，并在未来十年或者更长时间里成为主流模式。

第六章

案例研究

瓯菜有悠久的历史渊源，烹饪技法独特，食材丰富，菜肴美味营养。但瓯菜在发展过程中碰到了产品结构单一、产业化不明显、产业链未得到延伸、产业融合主动性差、产业融合路径不清晰等问题。因此，要将瓯菜发扬光大，需研究和学习其他菜系产业融合的理论成果和实践经验，借鉴其成功规律，充分认识和寻找差距，探寻瓯菜文化旅游产业融合的途径和措施。

第一节 台湾"月光经济"发展实践

一、"月光经济"的基本概念

(一)什么是"月光经济"

月光经济又称夜市经济，是以服务业为主体的城区经济在第二时空的延伸，也是现代城市经济的重要组成部分。月光经济以夜间文化演艺、旅游观光、教育培训、餐饮购物、休闲娱乐、体育健身、展览展销等为主要内容，是伴随着城市化、现代化而产生的一种经济现象，是衡量一座城市经济繁荣程度的"晴雨表"，反映了一个城市的经济发展水平、消费水平和集聚辐射能力①。

月光经济具有融合性、广泛性、品质性等特点，注重多种业态融合互促

① 月光经济，百度百科 http://baike.baidu.com/link? url=8MrK99VVTpSGE7mPIpkh6EMNvGAkyNnG7MZIPrW5Wo9thwISHsoQ4FHmpjk9Fjvd — aTCedAkHNNPb-dOPxEP7ea。

发展，注重满足物质和精神两方面的消费需求，同时注重居民生活品质、城市建设品质和经济社会发展品质(图 6-1)。

图 6-1　台湾夜市

(二)发展“月光经济”的意义

对于当地居民而言，他们白天需要集中精力处理工作相关事宜，夜间需要休闲、放松、享受生活；对于外地游客而言，他们希望充分利用夜晚时间融入当地居民的休闲生活，体验当地特色的文化氛围，因此，夜市作为大众喜闻乐见的消费场所，是城市“月光经济”繁荣不可或缺的重要组成部分。

据有关资料显示，在美国，国土面积的三分之一用于休闲，并且美国人平均把自己时间和收入的三分之一用于休闲，而休闲活动的百分之六十以上发生在夜间；在北京的王府井大街出现人流超过 100 万的高峰是在夜间；重庆三分之二以上的餐饮营业额的实现是在夜间；广州服务业产值有 55% 来源于夜间；上海商业销售额夜间占白天的 50%。[①]

北京的东华门街、上海的新西宫、开封的鼓楼、杭州的河坊街等地的实践证明，发展月光经济有利于挖掘城市地域特色，体现城市的活力、魅力，有利于提升市民的生活品质，延长商贸服务活动时间，提高各类设施的利用率，直接拉动消费，解决更多就业问题。同时，“月光经济”也提供了一个新

① 卢睿:《我国休闲旅游产业的现状与发展》,《中国商贸》2010 年第 15 期。

的视角，让游客去理解城市，领略城市在夜幕背景下的另一种风情，享受城市或柔情或激荡的惬意，为出游平添一分光彩，提供多元化的旅游体验。发展“月光经济”不仅是满足居民游客的需要，同时也是稳定经济增长，提升城市品位的需要。

二、台湾发展“月光经济”的原因

美丽富饶的台湾，蕴藏着丰富的自然资源和浓郁的人文色彩。在台湾，可以探访太鲁阁气势磅礴的险峻高山峡谷，可以观看阿里山瑰丽的日出、变幻莫测的云海，可以见证日月潭湖山共融的绝美景色，可以享受垦丁浓郁的海洋度假气息，抑或流连夜市，品尝多元丰富的美食飨宴。

美食，作为台湾人文风貌中最鲜明的代表，台菜、客家菜、湘菜、川菜、日式和韩式料理，或是传统小吃、地方创意美食，使台湾“美食王国”之名当之无愧。台湾夜市则是美食聚集的地方，同时也是最能直面感受台湾文化习俗的地方。

(一)刺激观光效应

夜晚街头的灯火通明与喧嚣，不但吸引当地居民的驻足与游逛，更能打动各地的游客慕名前来，带动旅游消费，增加经济收入，还能打响地方知名度，成为观光标的，一举数得。如今，台湾的夜市已是一道亮丽的风景线，成为来台旅游必去的地方，令人流连忘返。

(二)提供创业机会

夜市的发展为个体工商户创业提供了良好的平台，为缺少资金的创业者带来了机遇。只需较少的资金、简单的工具、熟练的技能、辛勤的劳动，便能一展拳脚，成为在夜市中淘金的商贩，由薄利多销到发家致富，做成连锁餐饮企业的故事正不断上演。

(三)拉动地方发展

夜市能够不断吸引消费群体脚步，逐渐带火周边经济。它的周边，餐饮、娱乐、副食店等场所一应俱全，更可辐射好几条街区，致使附近店铺的租金也因此水涨船高。除了城里夜市之外，更有诸多处于乡镇边缘区域的夜市，它们也能带来人潮与商机，提升当地的生活机能，于无形之中扩大生活圈腹地。[①]

(四)带来财政收入

全台湾夜市有登记的摊商超过30万，每年要定额缴纳1%的营业额，每年仅此就有上百亿新台币的税收。当地官员也常借夜市兴旺与否作为衡量经济是否景气的标尺。同时，夜市营业的商贩缴纳的费用被适时地用于支付乡镇行政事务执行经费或支持地方建设经费，受惠族群广泛，满足社会公众利益。

三、台湾"月光经济"的发展特色

台湾夜市汇聚了世界各地的名小吃，集休闲娱乐、购物为一体，台北的士林夜市、高雄的六合夜市、台中的逢甲夜市、台南的花园夜市等都热闹非凡、颇具特色。台北夜市甚至还被评为台湾最受欢迎的景点之一，其得票率超过了台北"故宫"，吸引了众多观光客纷至沓来。若没去过台湾夜市，就称不上到台湾旅游。目前，台湾夜市大大小小约有100多家，分布在不同的城市。

(一)台湾夜市地理位置选择考究

台湾夜市多位于交通枢纽、庙会与市集处，通常为各地发展最早、人潮最旺的地方。汇聚在夜市的小吃摊，经过时间的考验、口碑的相传，往往成为历史悠久的老店，并且带动民生消费商品的进驻，有吃又有玩成了夜市最大特色，夜市成为观光客了解台湾的风土民情、品尝台湾美食乡土小吃的最佳观光指标。台北的士林夜市，修建有大型旅游巴士停靠点，且收费便宜；捷运专门为此设站，更有多条公交路线到达。高雄的六合夜市，白天为笔直的大马路，一到晚上用临时护栏把六合路二路两头一围，成为封闭步行区。花莲的南滨夜市，在靠近城市中心的景区南滨公园里，以吃、玩为主，更有靓丽的海滨风景可供欣赏。

(二)台湾夜市美食消费价格亲民

夜市的经济活动属于小额消费，对于做生意的卖家，只需要付出较少的成本，筹组简易流动的摊位设备，加上购置货物商品或食材，就能在夜市营业。夜市中的创业者完全不用花推广费用，便可知道市场对其商品的反应。

---

① 王鹏程:《台湾夜市经济的启示与借鉴》,《辽宁科技学院学报》2012年第4期。

只要获得游客认可，在摊位前大排长龙，便能迅速打响品牌与知名度。到夜市消费的游客，消费能力以“俗搁大碗”为诉求，小小的花费便能享受，自然门庭若市。

(三)台湾夜市卫生环境良好

台湾夜市以当地的小吃闻名，通常在路边设有小桌子、小凳子，可就地坐下享用抑或打包带走。每个夜市上的摊位，对食品卫生和环境整洁都是非常重视的，路面干净、桌椅整齐、餐具清洁。专任清洁人员在每日夜市收摊后，清扫地面；每隔一段时间清理打扫营业现场的公共区域环境，并巡视公共垃圾桶，以维持卫生环境。收摊打烊后，油炸饮食摊贩每天刷洗营业现场的地面，其他各摊贩清扫整理各自的营业范围，清除垃圾和废弃物。在夜市多处放置分类垃圾桶，多数摊贩采用静电式除油烟机，以降低空气污染。推行油脂截留器，能够将营业时所产生的油污水有效过滤分离、截留油脂，再将符合排放标准的污水排出。干净环保，让台湾夜市文化更有魅力。

(四)台湾夜市宣传手段有效

台湾夜市名气大，台湾娱乐节目功不可没。台湾的许多美食娱乐节目，都在不遗余力地搜罗全台湾夜市的美食。台南花园夜市经由网络及电视媒体大力传播后，已成为台南夜市的代名词，随处可见成群的游客造访尝鲜。众多影视剧作品中也都提及台湾夜市的美食，如香港著名导演麦当雄为拍摄《黑金》曾在士林夜市取景；票房过亿的电影《鸡排英雄》里虚构的“八八八”夜市，也以士林夜市为原型，充满台湾特色的美食，令人印象深刻；电影《一页台北》在师大夜市取了最热闹的一段街景，吸引众多游客；电影《艋舺》曾在华西街夜市取景，深具知名度；台湾偶像剧《转角遇到爱》里的美食主角“蚵仔煎”是深受喜爱的夜市小吃。同时，台湾还举办了“十大观光夜市”比拼，组织特色夜市的评选，以及“台北十大夜市小吃”网络票选活动等，对各大夜市进行积极宣传。

(五)台湾美食不可或缺的独特伴手礼

除了夜市，台湾美食旅游资源的开发也十分重视伴手礼的品牌形象打造，台北的纸、南投的茶、莺歌的陶、台中的饼、大溪的豆干、新竹的米粉、宜兰的鸭赏、花莲的麻薯、淡水的铁蛋、嘉义的方块等，都极具台湾特色，承载着当地的风土民情，呈现出独特的精神气质与文化品格。

四、台湾“月光经济”的发展经验

（一）夜市需要大众参与

发展“月光经济”不能只追求高端、现代和时尚，它需要走下神坛，用一些真正接地气的方式去拥抱每个人。正所谓“有钱的捧个钱场，没钱的捧个人场”，人气浓了，氛围自然会闹起来，这样才会有活力和生机。况且，大家都有一种从众心理，人多热闹的地方总会凑上去看看。如果都是“高大上”，人气必然会受影响，无人气高端消费也就无从谈起了。所以，“月光经济”一定要接地气、接生活，这样市民才会心甘情愿地掏腰包去买那些非刚需的商品。

（二）夜市需要规范管理

一说到夜市大排档、摆地摊、露天广场，通常自然而然地会和“脏、乱、差”联系在一起，似乎感觉这些东西拉低了城市档次，降低了城市品位。然而事实并非如此，“脏、乱、差”是前期规划和后期管理跟不上造成的，并不是夜市本身所带来的。台湾对夜市的管理就做得比较好，人流旺而不乱。

（三）夜市需要商户积极

对夜市的管理，相关部门不能惯性思维，由上往下地进行规划，要调动商户的积极性。对此，台湾有过血一样的教训。

教训一：台北圆环夜市改造。该夜市曾以小吃闻名，1993 年、1999 年两度遭逢大火，时任台北市市长的马英九花 2 亿新台币将其改建成时髦的玻璃帷幕建筑，但这新市场每到夏日阳光直射、内部闷热，许多圆环知名店家拒绝进驻，圆环就这样萧条了 10 年，沦为“空城”。如今建成的这座空城已是台湾公共行政、都市发展研究重要的“失败案例”。

教训二：士林夜市改造。2011 年，台北耗资 6.4 亿新台币，把旧士林公有市场改建为地上 1 层、地下 3 层的大型建筑，并将原来在临时摊棚营业多年的士林夜市迁到此处。但新市场地下化、摊位变小，加上距离捷运出口 700 米、沿途道路狭窄，疏散人流成问题。入驻前假日营业额有 80 万元新台币，入驻后仅剩 34 万，摊位也从 200 家缩水至 94 家。[①]

（四）夜市需要融入旅游

士林夜市的一位负责人曾说过：“大陆每天大概有 5000 人会到台湾旅

---

① 温州市政府研究室：《台湾发展夜市经济的启示与借鉴》，2014 年。

游，他们大多数人都会到我们夜市来消费。”台湾的夜市，一直是世界各地游客心中神圣的存在。夜市的打造应与旅游完美结合，将夜市摊点变成城市风景线打造旅游特色街区，吸引大量的外地游客，使夜市成为城市“名片”。

第二节　杭帮菜文化挖掘的实践

每个来到杭州的游客，一定会来品尝杭州的特色菜，杭帮菜必定是首选。杭帮菜大约有两千多年的历史，凝聚着历代杭州厨师的智慧和心血，积淀了杭州饮食文化的精髓。杭帮菜资源丰富，讲究清、鲜、脆、嫩的口味，注重原汁原味、清鲜爽嫩，选料时鲜，食料大众化，制作精细，色彩鲜艳，色、香、味俱全，品种繁多，价格适中，形成独特的风味，在中华食坛中独树一帜。“杭帮菜热”始于 1998—2000 年，持续至今，仍保持着旺盛的发展势头。

一、杭帮菜的历史与发展

杭帮菜是汉族饮食文化的重要组成部门，属于浙菜的重要流派。杭帮菜源远流长，吴越时期便已成气候。南宋建都，南北名厨济济一堂，各方商贾云集于此，形成了“取材广泛、博采众长、南北烹皆融”的城市菜系雏形，有“京杭大菜”之谓。据了解，杭帮菜历史上分为“湖上”“城厢”两个流派。前者用料以鱼虾和禽类为主，擅长生炒、清炖、嫩熘等技法，讲究清、鲜、脆、嫩的口味，注重保留原汁原味。后者用料以肉类居多，烹调方法以蒸、烩、氽、烧为主，讲究轻油、轻浆、清淡鲜嫩的口味，注重鲜咸合一。

改革开放以来，杭帮菜面向市场，适应大众，博采众长，弘扬特色，提升品牌，以其科学的经营理念、精湛独特的烹饪技艺、丰富的文化内涵、独特的菜肴风味、合理的价格定位而立足杭州，红遍大江南北，香飘海外，享誉中华烹坛，赢得了业内人士的交口赞誉和南来北往宾客的青睐，为全国以至世界各地美食家所叹为观止。当今，杭帮菜已成为闻名全国和具有重大影响的城市菜系，被全国同行称之为“一种值得研究的经济现象”，并已经作为一个品牌、一种文化、一张杭州的金名片在中国乃至世界各地传播。[①]

---

① 《“杭帮菜”——杭州的一张“金名片”》，《人民日报(海外版)》2009-10-29。

二、杭帮菜的文化与挖掘

一方水土养一方人，也孕育出一方文化。不管是当地居民，还是外地游客，一座城最能打动人的无疑是味道，而这座城的味道也来自于无数细节组成的魅力篇章。在杭州，城市的美好、山水的自在、延续千年的江南文化、四溢的茶香，最后都汇聚到一盘盘菜中。徐徐端上桌，经得起潮流的更替，时间的洗礼，更经得起全球四面八方食客的一次次味蕾的考验。东坡肉、宋嫂鱼羹、西湖醋鱼、龙井虾仁等一道道精美绝伦的杭州菜肴，从千年的时光中走来，呈现的不仅仅是杭州餐饮的悠久历史、精湛技艺和独特创造力，更是大气、开放、精致和谐的城市精神，与雅致隽秀的东方文化韵味。①

(一)杭帮菜文化积淀

杭帮菜拥有丰厚的文化底蕴。西湖的地理造化、古都的文化名城特色，以及五千年悠久丰厚的人文历史和文化积淀，始终孕育、熏陶着杭州饮食文化。西湖美景与精致杭帮菜的天作之合，营造出极富诗情画意的绝美境界。苏东坡的东坡肉、叫花童鸡、宋嫂鱼羹等经典杭州菜肴的美妙传说，出自著名诗句“山外青山楼外楼”的楼外楼、山外山餐馆，有“闻香下马，知味停车”之誉的知味观等名店的典故，使杭帮菜充分蕴涵体现了杭州的自然地理优势和历史文化的精髓与杭州城市的精神，从而形成了杭帮菜独树一帜的文化意蕴和大气开放、精致和谐的清淡菜品风格。美景、文化与美食的交相辉映，成就了杭帮菜的非凡品质与独绝风格。

联合国副秘书长帕斯卡曾说过：“杭州大师做的中国菜肴精美绝伦，是中国智慧和中国饮食文化的完美结合。”世界营养科学联盟主席马克·华伟特认为杭帮菜有丰富的结构和深厚的文化底蕴，他希望能将杭帮菜推向世界。中国台湾的连战对杭州美食赞誉道：“美食中有文化，文化中有美食。”日本饮食界和美食专家更是把杭帮菜誉为“真正的中国菜”。②

(二)中国杭帮菜博物馆

为更好地挖掘杭帮菜的文化内涵，让更多的人了解、熟悉杭帮菜，坐落

---

① 《解密杭帮美食风潮云涌，品味一座城“以食为媒”的魅力篇章》，《杭州日报》2014-11-19，第A06版。

② 《“杭帮菜”——杭州的一张“金名片”》，《人民日报(海外版)》2009-10-29，第5版。

在南宋皇城大遗址旁的江洋畈原生态公园的中国杭帮菜博物馆正式建成。南临钱塘江，北傍莲花峰，西连虎跑，东靠玉皇山、八卦田。与闻名世界的西湖、钱塘江风景连成片，周边空气清新，人称“天然氧吧”。

中国杭帮菜博物馆建筑面积约13000平方米，设展馆区、体验区和经营区。建筑以南宋风格为主基调，突出杭州园林特色。由中国建筑设计院副院长崔凯设计，建筑群依照山势，由西向东形成半弧形，整体碧绿通透，玲珑有致，与原生态公园环境相切相融。博物馆展陈设计由浙江工商大学中国饮食研究所所长赵荣光操刀，十个展区，二十个历史事件的场景复原，大量的文字图片史料，古、近、现代的文物陈列，梳理了上溯至良渚文化、秦——南北朝时期等不同历史阶段，杭帮菜传承和发展的肌理脉络，多角度全面展陈着杭帮菜发展的重要历史节点(图6-2)。

图6-2 杭帮菜博物馆建筑外观

观众体验区体现了杭帮菜饮食文化的参与、交流、互动、学习的特征。在室内观众体验区的“老百姓大厨房”，原创性地设置了杭帮菜大师讲堂；烹饪表演与示范；市民游客参与菜点制作；百姓杭帮菜擂台竞技；电视饮食节目直播间等。

在室外互动区的爽园，设置了打年糕、做馒头、磨豆浆等活动。室外亲水平台，可参与饮食文化沙龙，吃杭帮菜，说杭州话，唱杭州戏等节目。

博物馆经营区为杭帮菜饮食文化的进一步延伸。在杭帮菜发展为蓝本的大幅黄杨木雕，在清代杭州人袁枚的随园食单书法及随时代变迁的黑白老照片中，可以处处感受老杭州的饮食文化气息。在以40位杭州历史名人的事迹美文来命名和修饰的包厢中，可以静下心来，细细品尝，鉴赏正宗的杭州菜肴，回味杭州两千多年的历史文化变迁，以及杭州城市的市井百态，饮食风格；在与这些历史名人的超时空对话中，感知他们的艺术魅力和人格魅力。①

三、杭帮菜的成功经验

（一）善于学习与创新

杭州在1986年开始了全市性的杭帮菜创新菜大赛，通过杭州厨师十余年的努力，奠定了杭帮菜发展的基础。由“南方迷宗菜”引发的杭帮菜的创新，出现了大量的新派杭帮菜，如金牌扣肉、稻草鸭、鸡汁鳕鱼、XO酱鲈鱼、微波鸭等。由新原料、新搭配、新口味、新烹调工艺、新炊具、新器皿、新吃法孕育的新菜肴也源源不断地充实更新着原有的菜品。菜系、地域、年代的界限在杭帮菜的发展中统统被打破，外帮菜、外地土菜、历史上的名菜，或改头换面或原封不动地进了杭餐馆的菜谱。在知名的杭州菜馆中，食客既能点到传统正宗的杭帮菜，也能看到川菜、湘菜的影子，甚至能品尝到日本料理、法国大菜的改良风味。

（二）持守理念与特色

杭帮菜是在激烈的市场竞争中发展和成熟起来的，这种竞争背景形成了其特有的经营理念——“让价格回归合理，请百姓品尝杭帮菜”。这一经营理念，各家餐饮企业虽在具体的文字表述和口头表达上略有不同，但实质就是面向社会、贴近市场、贴近百姓。杭帮菜在经营过程中不断挖掘普通菜肴的附加价值，将普通消费者巩固为稳定客源，目标消费群体求广不求高，用薄利多销的方式，走出一条求稳求远的道路。在经营中，不断突出个性服务，挖掘产品特色，菜品以家常菜为主，用料不受时空限制，给厨师创造了菜肴天天变的有利条件，去粗取精，做到“365天，天天有新菜”，赢得顾客的青睐与支持。

（三）注重文化与内涵

杭帮菜之所有能够得到发展，依赖于一定的传统文化基础。例如，杭帮

---

① 中国杭帮菜博物馆，搜狗百科，http://baike.sogou.com/v63138309.htm。

菜中的“西湖醋鱼”，相传出自“叔嫂传珍”的故事，最终“西湖醋鱼”也就随着“叔嫂传珍”的美名一直流传至今。此外，杭帮菜可以追溯到距今一千多年的南宋时期。因南宋在杭州建都一百多年的历史，杭州的本土文化也以宋文化为主体，故在杭州领略到原汁原味的大宋文化，品尝独具南宋风味的杭帮菜，推动寻找南宋文化古迹的游线。

(四)营造良好就餐环境

知名的杭帮菜馆斥巨资扩大营业面积、装饰餐厅，刻意设计餐馆亮点，努力营造具有杭州特色的就餐氛围。如“花中城”炫目的霓虹灯成为杭州城靓丽的风景线；“名人名家”餐馆张贴名人字画渲染就餐环境；“张生记”供奉巨型弥勒佛，冷菜用镜面衬托等。这样的装修环境，一方面迎合了中国人爱热闹、爱面子的消费心理，另一方面也给予了食客在就餐时极好的视觉效果与舒适程度。杭帮菜馆营造出独特的就餐环境，以简洁明净为主基调，布局、用景、照明、桌椅、器皿、摆设等都与众不同，将江南古韵与现代时尚相融合。

(五)塑造品牌与形象上下功夫

杭帮菜经过悠久的历史积淀，形成了“龙井虾仁”“叫花子鸡”“东坡肉”“宋嫂鱼羹”等为代表的精品老杭菜，撑起了具有区域特征的杭帮菜品牌。改革开放后新开发出来的48道杭州名菜更对该品牌形象进行了深入描绘与加强。杭帮菜善于打造餐饮“航空母舰”，在全国已有上百家连锁店，分布在华东、华北、香港、台湾等地，吸引大批的当地顾客，甚至出现排队等位的旺盛现象，不仅给当地的餐饮行业带来了生机和活力，也能共同打造杭帮菜这一具有地域特色的品牌，成功地实现了品牌扩张，彰显了品牌效益。

第三节　其他地区餐饮发展实践对瓯菜产业融合的借鉴与启示

台湾与杭州两地在产业融合角度的美食资源的开发与利用实践证明，美食与旅游融合带来了更多生产性资源，丰富了旅游产品体系，拓宽了旅游发展空间，适应体验时代旅游消费需求的新变化，开拓更为广泛的旅游市场，同时，实现城市建设战略上的突破。

一、文化和创意融合带来更多生产性资源

(一)挖掘美食资源文化内涵

美食是饮食与文化的结合,它给游客带来的不仅是味觉上的满足,更多的是其本身所蕴含的文化带来的精神愉悦,使得美食资源独具魅力。在资源开发利用中弘扬文化,让游客在吃中了解美食历史,倾听美食典故,享受美食快乐,体验当地特色的文化,实现饮食、文化、旅游的互动发展。深入挖掘当地传统文化,结合地域特色进行开发利用,丰富饮食文化,将历史典故、烹饪技艺、传说故事等与美食的制作艺术完美融合,保持并突出地方特色。

(二)文化创意为美食资源注入活力

文化创意为美食注入观念、感情和品位等新的要素,提升旅游的体验质量;文化创意挖掘出更多、更深层次的旅游消费需求,为旅游带来更多的生产性资源;文化创意提升了美食文化旅游业的时尚形象和创新氛围,使得同质化的资源展现不一样的旅游产品,获得不一样的旅游体验。以创意激活、提升文化旅游的创造力和生命力成为必然选择。文化创意为美食资源注入活力,促使普通资源向生产性资源转化,为社会带来更多的社会效益、经济效益和生态环境效益。

二、构建饮食文化旅游新体系

美食旅游发展好的城市,无不在饮食文化旅游体系上进行过一番努力,以丰富美食旅游产品的表现形式。

(一)美食夜市形象提升与政策扶持

开发利用存量的广场、商圈等资源,对有市场潜力、人气旺的广场设施加大商业开发力度,鼓励发展露天餐饮、茶座等,允许流动商贩设摊经营。对美食夜市街区的整体风格进行个性化设计,如移动餐车、桌椅、遮雨设施统一设计制作与配置;对夜市摆摊的地点、营业时间、经营范围进行登记管理,鼓励商户自治,对不按规定经营的,收回摊位许可证。政府可以加强政策扶持力度,在税费、用电、用水等方面给予优惠,以吸引更多商家,发展热闹的夜市。

(二)主题餐厅个性化设计

将一系列围绕一个或多个历史或其他方面的主题作为吸引标志,用各

种手段来凸显所表现的主题，为顾客提供别具一格的餐饮服务。主题餐厅能够以其独有的环境氛围感染顾客，增加就餐过程的趣味性，设计相关的表演活动，提高顾客的就餐体验。

(三)特色名店创新发展

注重老字号、名店的经营与保护。在资源开发利用中，可以把名店的发源地、名店的历史、名店的美食、美食原料的生产基地、美食的烹饪、美食的品尝、美食的名人典故进行组合设计，充分利用老字号、名店的品牌效应打造深度的美食产品，享受名人热爱的美食，学做传统名菜等。以品牌为依托，在保持原有特色的基础上，不断推陈出新，实现品牌发展。

(四)美食资源衍生产品开发

品尝菜肴是美食资源开发的基本层次，俨然已无法满足游客多样化、多元化的需求，因此，对美食资源的开发不应局限在美食产品和饮食文化的挖掘，还可与旅游商品开发相结合，如将当地土特产制成干鲜包装或真空包装产品，方便携带。另外，还可以开发反映地方饮食文化特色的旅游纪念品系列，如邮票、明信片、书签、盖章本、钥匙扣、设计美食旅游手绘地图等，不仅可以增进当地旅游收入，还能够通过旅游纪念品的扩散，扩大当地美食资源的知名度和美誉度，推动美食资源的进一步开发与利用。

(五)美食节庆互动发展

节庆活动以其独特的表现形式深受各地政府的喜爱，节庆活动既能提高当地的知名度、影响力，又能带动当地的经济发展。举办美食节庆活动，通过美食参展、菜品推介、制作表演、饮食文化展示等环节，扩大市场吸引力。抑或通过美食大赛，让游客作为裁判对参赛菜品进行评比，不仅可以提高游客的参与热情，也有助于美食的推广发展。[①]

三、紧抓产业融合后新的旅游消费热点

传统旅游与现代旅游的区别在于“看到”和“感受到”的区别，后者更侧重于旅途过程中的“感受”，即文化的深入浸润与全面体验。鉴于这样的重大转变，旅游消费也相应呈现出新变化和新趋势。具体表现为体验化、时尚化、便捷化，同时获取旅游信息的多元化要求也更高了。打造“美食之都”的

---

① 拜珊珊:《开封美食旅游开发研究》，河南大学 2014 年硕士学位论文。

城市可在美食旅游上突出“城市景区”概念，但绝不是传统的“门票”消费。比如台湾夜市布满整个城市，不似传统景区圈个地、框些资源进去，其受欢迎程度也远远超越了传统景区等。以博物馆、剧院、茶馆、餐馆等为代表的旅游体验“景点”成为新的旅游消费热点。例如杭帮菜博物馆的展示、体验多重功能重叠，既解决了博物馆静态展示功能的单一性，又融入体验功能，使得博物馆持续性发展得到重大突破。

四、产业融合后实现旅游功能上突破

美食作为旅游者求新、求奇、求异的需求，越来越受到当地政府与企业的重视，具有广阔的市场发展前景。在现代生活中，“吃”已经不再是传统意义上为了满足生理需求的元素，更是为了满足游客享受美味、体验当地文化、提高生活品质的心理需要。美食资源的开发与利用不仅可以促使旅游者将饮食文化与旅游活动相结合，弘扬当地特色美食，传承独有的饮食文化，欣赏美妙的美食艺术，感受高超的烹饪技巧，并且能够增强当地旅游市场的吸引力，实现旅游功能上的突破。尤其是一些旅游资源传统的城市，依托山水资源发展旅游，必然遭到市场淘汰。只有美食和旅游产业融合发展，将隐性的文化资源显性表达出来，大力发展文化旅游，才能更好满足旅游者的文化、情感需求，形成地方旅游特色，促进当地的社会经济发展。

五、及时塑造产业融合后的城市新形象

综观世界上著名城市在其发展过程中，大都明确提出了以创造性、多样性和包容性为特征的文化城市建设目标，并与城市整体发展战略相呼应，从而服务于城市建设。一些城市对传统美食文化进行挖掘，意在保护继承发扬传统文化和建设富有特色的文化城市并举。传统文化挖掘寄希望于文化立市、文化强市，增加文化软实力，提升城市文化竞争力。成都是川菜的一个极为重要的发祥地，厚重的城市渊源、绝佳的地理位置和独特的宜人气候，让成都形成了蜚声全国的历史文化名城地位，“川菜、平原、气候、田园、古城、名胜”是成都这座城市的独特魅力所在。长沙是享誉中外的历史文化名城，在厚重的湖湘文化和昂扬的革命理想共同熏陶下孕育出了“湘菜”菜系。近几年“湘菜”北上首都，南下深圳，外联东亚，异军突起，强势上扬，紧追川菜，是长沙乃至湖南发展美食旅游的一张王牌。

第七章

瓯菜文化旅游融合开发的目标与思路

温州，是瓯菜的诞生地；瓯菜是温州人民长期饮食实践的成果和结晶；温州人民是瓯菜艺术的原始创造者，源远流长的瓯越文化是瓯菜诞生不可或缺的必要条件。瓯菜文化旅游开发是完善和建设温州文化软实力，促进温州经济结构优化转型升级，践行社会核心价值观的重要内容，新时期温州经济社会发展赋予了瓯菜新的内涵，使瓯菜有了腾飞的动力。

不谋全局，不足谋一域。瓯菜文化旅游开发注重发展的整体性、全局性、系统性和宏观性，使瓯菜文化旅游明确目标，理清思路，对瓯菜文化旅游发展产生指导意义。瓯菜作为文化旅游资源，拥有文化与旅游的双重特质，发展空间广阔，潜力巨大。在一片“振兴瓯菜”的呐喊声中许多人抱乐观发展态势的同时，我们不得不承认，瓯菜文化旅游不仅发展滞后，而且整体上的发展阶段、发展目标、发展任务还不明确，这迫切需要我们把“瓯菜”作为一个要点，把“文化”作为一个主题，把“旅游”作为一个载体，全面、系统、深入、科学地从文化旅游融合这一崭新视角提出瓯菜文化旅游发展的思路与战略。瓯菜资源开发的目标与思路研究，主要涉及开发目标、开发思路、开发定位、开发愿景、开发原则、开发战略、发展主要任务等问题。

第一节　瓯菜文化旅游融合开发的目标

从瓯菜的发展脉络和历史演变来看，瓯菜不仅作为一方饮食习惯、地方特色餐饮及其技艺传承、菜品创新等，还应包括作为区域特色文化的载体、文化软实力、经济杠杆、时尚消费、产业化发展及温州人精神体现等建设问题。瓯菜应立足产业融合的战略高度确立瓯菜文化旅游发展总目标，具体包括以下四个方面，如图 7-1 所示。

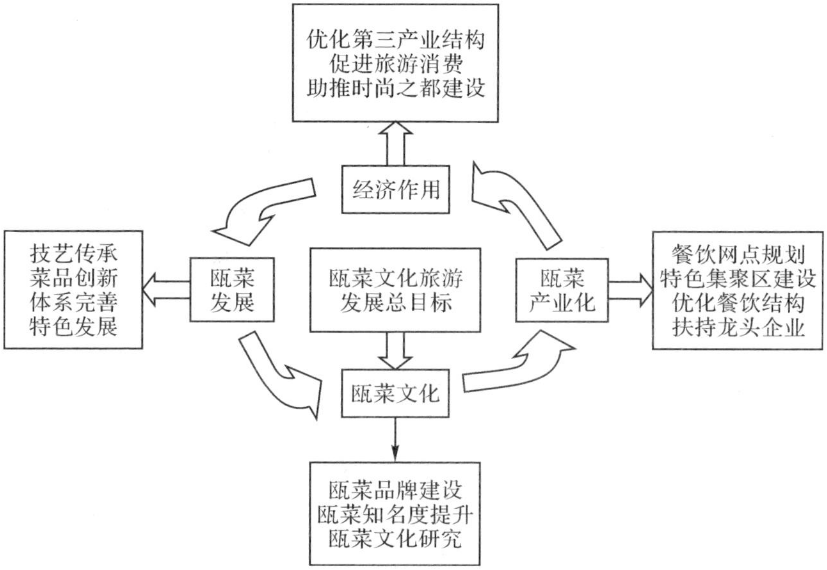

图 7-1　瓯菜文化旅游融合发展总目标

一、瓯菜发展方面

瓯菜菜系自身发展是瓯菜文化旅游融合发展的最直接、最佳受益方。这直接影响到瓯菜作为非物质文化遗产对独特的烹饪技艺进行传承和保护，菜品在接受新时期人们要求的过程中不断创新。瓯菜文化旅游融合发展，就是要使瓯菜作为温州的另一张金字名片充分挖掘特色与内涵，差异化发展，形成"菜""厨""馆"良性互动。"菜"是瓯菜发展的基础，基础扎实；"厨"是瓯菜发展的前提，没前提就没基础；"馆"是瓯菜发展的载体，载体是发展的渠道。三者应形成良性循环，具备良好的互动性能。"菜"——瓯菜体系完整。瓯菜文化旅游发展在传承和创新的同时，在 250 个菜品品种的基础上，大大丰富和完善了瓯菜体系，填充和优化了瓯菜菜系结构，延伸出新的产品。"厨"——名厨是菜系发展的有力推动者，是菜系烹饪技术传承主体。瓯菜名厨从改革开放后历经三代，他们活跃在各大瓯菜馆里，不断学习成为名厨，还肩负着起培养名厨的重任，推陈出新，让瓯菜烹饪技术得以继承与发展，对瓯菜发展起着至关重要的作用。“馆”——瓯菜餐饮企业规模要进一步扩大，经营模式需进一步成熟，以满足本地居民和外来旅游者的需求。

二、瓯菜产业化建设方面

瓯菜文化旅游融合发展，首先应树立起融合发展的思路，促进瓯菜与文化、旅游、创意、农业、养殖业等产业融合，培育全市性瓯菜餐饮产业化基地；其次，实施瓯菜“引进来”和“走出去”战略，搭建“来温旅游品瓯菜”的平台，用好“温州人”和国内外温州商会平台，鼓励餐饮企业注册“温州瓯菜馆”、文字商标和图形商标，制定“温州瓯菜馆”建设标准，大力拓展国际国内两个市场，实现“温州瓯菜馆”品牌连锁经营；再次，优化餐饮结构，着力建设商务餐饮、旅游餐饮、休闲餐饮和社区餐饮三大集聚群，在商务区建设集餐饮、娱乐、休闲于一体的大型餐饮服务实体，在流动人口集聚区建设美食街和夜市，在居民社区设置方便消费、老少皆宜的大众化餐饮网点；还有，重点培育扶持瓯菜餐饮龙头企业，支持振兴“老字号”瓯菜餐饮企业，引导传统瓯菜餐饮企业按照新型流通业态需求改造提升，推广连锁经营、网络营销、集中采购、统一配送等现代流通方式，加快发展加盟连锁和特许连锁，推进标准化、规范化管理。

三、瓯菜文化研究方面

瓯菜文化旅游融合发展，一是要进行瓯菜品牌建设。瓯菜作为温州另一名片，要设计出符合特色、实际、内涵化的文字和图片标识；鼓励餐饮等行业协会制定“瓯菜标准”，评选认定“瓯菜名菜”，定期向社会公布；继续开展好温州“名小吃、名特产”认定活动。二是要进行瓯菜知名度提升。积极推进“温州瓯菜博物馆”建设，集中展示瓯菜品牌和文化；利用电视、网络、图书等各种媒体，传播温州美食文化；搭建美食交流平台，支持诸如“拦街福”等结合地方特色开展餐饮节会活动；加强瓯菜对外交流，用好“世界温州人”平台，支持开展“世界温州人”瓯菜大赛，有重点地选择一些有代表性的国家和地区开展瓯菜技艺表演和名菜展示，使得瓯菜具有国际影响力。三是加强对瓯菜文化、瓯菜标准、瓯菜名录、瓯菜创新等内容的收集整理和研究，发掘温州饮食文化和人文内涵；加强对瓯菜非遗文化的保护，大力支持瓯菜申遗;编写出版有关瓯菜作品,进一步提高瓯菜文化的品位。

四、经济社会贡献方面

瓯菜文化旅游融合发展,不仅丰富了温州人民的生活内涵,提升温州人民吃的品位,而且能为温州经济发展做出巨大贡献。一是促进来温旅游的消费。从旅游方面打开温州消费的突破口,最迅速、最可行也最可持久。二是优化第三产业结构。瓯菜文化旅游融合发展促进文化产业和旅游产业互融,在温州轻工业、制造业低迷的背景下,实现第三产业赶超第二产业,并使其产业结构优化,使其成为温州市国民经济的支柱产业、转型升级的优势产业、生态文明的先导产业、惠民富民的民生产业。三是助推时尚之都建设。依托温州独特的山水自然条件,积极开发生态文化旅游,大力开发具有温州地方特色的时尚旅游产品,积极打造“温州礼物”“温州印象”“温州美食”等品牌。

第二节　瓯菜文化旅游融合发展的思路

近些年温州旅游产业快速增长,业绩突出。十二五期间,温州市接待海内外旅游者数量以平均增速15%逐年增长,旅游总收入年平均增速超过20%;2014年温州市实现旅游总收入686亿元,在温州经济增长趋势偏弱的情况下,旅游经济逆势而上,为温州经济注射了一针强心剂。同时,温州构建“一核两翼、三极四带”的旅游产业空间布局,推荐旅游功能区建设,强化全域景区化、旅游主业化发展,“大旅游、大产业、大融合、大发展”的产业格局已趋于成熟。①

根据中央、浙江省的号召,大力发展文化产业,提升文化软实力和文化产业的竞争力,温州市委市政府《温州文化产业发展“十二五”规划》显示了发展文化产业的决心,温州将加快建设十大文化产业园区和十大重点文化产业项目,形成各类配套完善、产业链齐全的产业集群。近些年,温州文化产业增加值年平均增速保持在19%。

尽管两大产业“铆足劲”地发展,但瓯菜与杭帮菜、宁波菜相比,差距仍

---

① 《2014年温州旅游经济创收686亿元》,中国新闻网 http://www.chinanews.com/df—01-15/6970649.shtml。

然较大，不论是文化内涵，还是形象品牌都没有得到全面的突破和提升，依旧停留在浙菜第四的位置，这与温州旅游产业定位不高，文化发展不足，对瓯菜文化旅游融合发展的重要性和紧迫性认识不到位，与瓯菜文化旅游融合发展思路不明确有着直接的关系。因而，首先要从整体层面明晰瓯菜文化旅游融合发展思路。

一、瓯菜文化旅游融合发展指导思想

在党中央“四个全面”战略布局下，改革既是驱动力，也是凝聚力，既是方法路径，也是精神内核。一切改革和创新要坚持“战略思维、辩证思维、法治思维、系统思维、底线思维和创新思维”，要处理好“解放思想和实事求是的关系、整体推进和重点突破的关系、顶层设计和摸着石头过河的关系、胆子要大和步子要稳、改革发展稳定的关系”，要“正确推进改革、准确推进改革、有序推进改革、协调推进改革”。①

2014 年 2 月颁布的《国务院关于推进文化创意和设计服务与相关产业融合发展的若干意见》提出了七大重点任务，其中包括“提升旅游发展文化内涵”。国务院文件颁布后，文化部又发布《关于贯彻落实〈国务院关于推进文化创意和设计服务与相关产业融合发展的若干意见〉的实施意见》，对文化产业与旅游业融合发展提出具体要求，推动文化与旅游业走向融合，做大做强旅游业。文化旅游融合发展，也将成为经济社会发展中最具有活力的新兴产业之一。因此，深刻领会意见，“以文化提升旅游的内涵质量，以旅游扩大文化的传播消费”，以融合发展拓展旅游产业发展空间，实现文化产业与旅游产业相互促进、共同发展，是摆在我们面前现实而迫切的任务。

《温州市旅游发展“十二五”规划》以科学发展观为引领，全面贯彻省委、省政府关于“建设旅游经济强省”和市委、市政府建设“三生融合幸福温州”的战略部署，围绕“建设旅游经济强市”的总体目标，加快建设优秀旅游目的地城市，实现旅游业产业升级转型。其中对实施产业融合工程、培育旅游新型业态提出了具体要求。重点加强旅游业与瓯越美食、酒吧茶楼等特色潜力行业的关联度培育，发展温州文化旅游、美食旅游。大力发展购物旅游，

---

① 《改革让中国道路越走越宽广——三论协调推进“四个全面”》，《人民日报》2015-2-27，第 01 版。

突出建设一批旅游购物卖场和旅游消费场所，扩大产业规模，提升旅游服务质量，实现多业联动发展。这些都为瓯菜旅游文化融合发展提供契机。2014 年 7 月温州市第十一届委员会第七次全体会议深入贯彻落实中央和省委重大决策部署，紧紧围绕“赶超发展、再创辉煌”战略目标，深入实施“十大举措”，通过《中共温州市委发展时尚产业建设时尚之都的决定》，决定指出坚持智造和消费双驱动，积极构筑时尚精品制造名城、国际时尚消费名城、时尚产业策划基地、时尚要素配置基地。瓯菜是构筑时尚的另一大元素，距离时尚产品仅“一步之遥”。届时要培育一批有核心竞争力的时尚瓯菜餐饮企业，形成一批有自主知识产权的时尚菜品，打造具有国际影响力的品牌，促进文化旅游产业综合实力和竞争力明显提升等。

瓯菜文化旅游融合发展指导思想具体有四个方面的要求：

(一)开拓国际视野，立足改革大背景

放宽眼界，立足全面深化改革的大背景，更清楚了解瓯菜开发的现状，以科学发展观为指针，针对性地推进瓯菜文化旅游融合跨越式、赶超式发展。

从国内知名度上看，瓯菜作为浙江的一个地方流派，其知名度和影响力远不及中国八大菜系和其他后起之秀，如潮州菜、清真菜等。但从国际影响力上看，温州作为著名侨乡，侨民分布在全球 100 多个国家，最原始的中国菜都是瓯菜，瓯菜作为中国菜的代表，在国际上的影响力远远超过了其他菜系。从这一优势出发，运用好全球温商网络，瓯菜完全可以在文化旅游两大产业的支撑下，建设成为现代旅游和文化产业融合的具有中国标志的大项目。

(二)迎合市场需求，整合多元大资源

当下旅游正从小众旅游向大众旅游、从组团旅游向自由行、从低价消费向文化享受、从观光旅游向休闲度假过渡，旅游资源面临重新洗牌和整合，促进文化与旅游、休闲与体验、餐饮与购物、养生与运动等的交叉整合，吸引新客源、开拓新市场、开发新产品。要进行跨界资源整合，引入新思维，形成新模式、新工具、新途径，将瓯菜作为将温州城构建成多元性、立体性、全程化、一站式的文化休闲度假旅游目的地的重要资源去打造。

(三)全面深入建设，构建文化旅游大融合

文化旅游大融合是瓯菜开发的核心理念，要突破“就旅游说旅游”“就文

化说文化”的边界，从更全面的角度来提升整个产业的价值，形成产品、企业、目的地的一体化建设体系，全面推动瓯菜发展。

从大产业的视角看，瓯菜文化旅游融合发展不可只有旅游和文化，脱离其他产业发展而独立存在，需要借助于全市基础设施的配套以及相关产业的支持，比如海洋业、养殖业、物流业等。因此，应积极地获得融合的良好发展环境，与其他产业共同促进，协调发展，并积极主动纳入经济建设中心，融入社会发展主流，不断巩固和强化其支柱产业地位。

(四)立足长远未来，规划跨区大空间

立足长远未来，规划跨区大空间是坚持科学发展观，为文化繁荣打开空间，为旅游后续发展留出间隙，使得文化旅游在融合可持续发展后具有强大的后劲。

瓯菜文化旅游融合发展不能仅考虑自身的区域范围，而要将温州放置在大长三角、海西经济区乃至整个中国的文化旅游产品结构中，并根据国内外市场需求来总体考虑，进行超越行政空间范围的大空间组合。

二、瓯菜文化旅游融合发展总体思路

瓯菜文化旅游融合发展中突出的问题主要有：第一，现有瓯菜文化旅游融合发展方向不明确。对文化旅游消费需求的调查研究缺乏，对瓯菜市场情况认识狭隘，发展方向不够明确，重点不够突出。盲目模仿与跟随其他菜系发展，缺乏对现有瓯菜文化和旅游融合的系统研究，不能正确把握其发展的阶段性和前瞻性。产品结构单一，缺乏具有城市代表性的产品。第二，认识不到位。在瓯菜文化旅游建设上，忽视引导、鼓励和服务，缺乏战略规划，缺乏发展所需的政策法规、人才技术、投融资渠道等宏观调控和服务。

传统瓯菜文化旅游融合发展尚处于起步阶段，目前较笼统地表现为简单的瓯菜文化挖掘和旅游结合，缺乏全局的思考，系统的谋划，没有提出营造一流的、个性鲜明的融合发展环境，也没能和旅游、创意充分结合起来，这些观念和机制方面的创新迫在眉睫。为此本书提出新时期瓯菜文化旅游融合发展的“三全、三融”的总体思路。

首先，要在“三个全面”发展思路上有新突破。“三个全面”即影响上的全覆盖、作用上的全关联和功能上的全方位。温州与一线大城市相比，有非常多的弱势，与此同时，也有些一线大城市所没有的灵活性和创新性。肩负着建设时尚之都、国际化城市任务的温州，要在64个时尚之都和184个国

际化大都市中脱颖而出，瓯菜一定是可以做大文章、大推力、大产业、大格局的重要元素。只有在影响上的全覆盖、作用上的全关联和功能上的全方位，才能实现文化产业与旅游产业革新的功能和目标。

其次，要在"三个融点"发展思路上有新发展。瓯菜融合发展要在旅游和文化的融合上实现跨越式新发展。要实现跨越式新发展，前提是人的思想、思维的跨越式发展，也就是要着力实现旅游的"文化化"，文化的"旅游化"，使得文化旅游一体化，以文促旅，以游养文。许多旅游大城市发展取得大成绩的一个最为重要的原因就在于旅游业紧紧依托城市文化，把文化作为旅游最大的吸引力。进入新时期，瓯菜文化旅游融合发展即将迈出新步伐、登上新台阶、实现新跨越。首先从文化资源管理的大范畴，深度把握旅游与文化之间存在的互动共生关系，找到二者融合发展的"理论融点"——瓯菜；再从塑造传播城市形象与品牌、提高区域文化软实力、满足群众多样化的精神文化需求等角度，寻找旅游与文化产业融合发展的"战略需求融点"——瓯菜文化旅游，为二者融合发展提供强大的现实推动力；还要从产业、产品、企业三个方面寻找旅游和文化融合发展的"互动交叉融点"——消费培育，从旅游业、文化产业的价值生成模式和生产流程中发展集体融合路径和策略，从而有效推动瓯菜文化旅游协同共生。

三、瓯菜文化旅游融合发展的原则

以深入贯彻落实科学发展观为主线，温州市瓯菜文化旅游资源开发利用应坚持以下原则：

(一)以市场为导向的原则

瓯菜文化旅游资源开发利用，微观经营，以政府政策为引导，以市场为导向，以餐饮协会为管理手段，充分放权、克服体制、机制性障碍，充分发挥市场配置资源的基础性作用，实现瓯菜资源、民间资本与企业创新相互驱动，使得瓯菜餐饮企业走内涵式发展道路，不断推出符合市场需要的餐饮产品，注入餐饮文化，塑造对旅游消费者的核心吸引力，实现速度、结构、质量、效益相统一。

(二)坚持科学规划、合理布局的原则

政府把握整体布局，坚持瓯菜餐饮与城乡经济发展相衔接，与人民群众的消费需求相适应，与相关产业发展相协调，与城乡历史文化景观、民俗文

化景观、农业生态景观相结合，做好瓯菜餐饮网点规划并将其纳入城市、中心镇的详细规划和城市设计，既集中发挥集聚效应，又分散各县市区发挥各自特色作用。

(三)坚持突出融合发展的原则

产业融合已成为实现产业创新的重要手段。加强产业融合，部门协作，正确处理餐饮业、旅游业和相关产业的关系，处理好旅游业发展与社会经济整体运行的关系，通过资源整合，促进旅游与文化、体育、工业、创意创业等相关行业的融合发展，培育新的旅游消费热点，以产业升级促进城市转型，以城市转型带动产业升级，形成餐饮产业与大都市区融合互动发展的良好格局，为温州市经济升级、发展转型做出贡献。

(四)坚持突出高品位原则

旅游消费升级和旅游消费者品位升级对文化旅游体验环境及质量有着更高的期望和要求。瓯菜文化旅游融合发展在精心构筑文化旅游综合体系时，从景观、环境、气氛、服务等各个方面充实内涵，提高附加值。不盲从、不模仿、不追随，基于自身文化特质、发展历程的独特认识与思考，培育雅俗共赏的文化趣味，提升文化旅游的品位。

(五)坚持以人为本的原则

以建设人民群众更加满意的现代服务业为宗旨，安全第一，优化旅游环境，完善旅游功能，加强旅游人才队伍建设，包括瓯菜制作人才与企业经营管理人才，寓管理于服务之中，不断满足游客日益增长的旅游需求。鼓励支持职业教育院校、餐饮美食类专业培训学校培养符合瓯菜发展需要的人才；支持瓯菜餐饮企业与瓯菜专业培训学校对接，确保瓯菜人才队伍稳定；加大对瓯菜传承人的支持，必要时可申请专利，实行知识产权保护。

(六)坚持继承传统与创新发展同步原则

紧密结合温州市“时尚之都”与“大旅游”总体发展规划与目标，突出瓯菜资源地方特色，发挥地方优势，以项目建设为突破，既要继承传统保持特色吸引怀旧的温州本地人，又要创新发展与时尚步伐协调。在招商引资、产品开发、建设运营、机制体制上敢于创新，以大项目带动大发展，增强温州旅游吸引力。

(七)坚持创意驱动原则

发展理念的更新是文化旅游产业实现创新发展的首要决定因素。新的认识范式的确立有助于发现原先被掩盖的认识盲点和认识误区。创意引领文化旅游,就属于一种新理念、新范式的引入,它在旅游业中的应用随处可见,效果更为显著。文化创意作为旅游业发展动力与灵魂的认识,其本身就是一种旅游吸引物,越来越成为学界和业界的共识。

第三节　瓯菜文化旅游融合发展的定位

在餐饮这个高度竞争的产业中,瓯菜文化旅游融合的资源基础是什么?融合的核心价值是什么?充分发挥这种价值的条件是什么?该如何规划路径?该采取什么样的发展措施?

上述问题在研究上有难度,在实践上更有难度,这就意味着战略定位不仅重要,而且必须高瞻远瞩。

一、瓯菜的定位回顾

20 世纪七八十年代瓯菜改称,在瓯菜大师们的共同努力下,瓯菜逐渐奠定了跻身浙江四大流派的基础,其地位一直被默认为浙菜第四。而从那时起到现今,瓯菜的地位一直没突破。温州市经济规划未曾正视及重视瓯菜发展及瓯菜定位问题,《浙江省人民政府关于振兴浙菜加快发展餐饮业的意见》和《温州市人民政府关于振兴瓯菜加快发展餐饮业的意见》也没涉及菜系的定位问题。目前,地方媒体声称要将瓯菜打造成“中国第九大菜系”的论断缺乏科学的论证和系统规划,不免存在盲目定位之嫌。瓯菜本身定位不清,也是瓯菜发展思路不明,发展动力不足,发展路径不清晰的原因所在。

二、瓯菜文化旅游融合发展定位的主要思路

(一)定位原则

1. 市场化原则

资源与市场是发展的两个重要组成部分,两者相辅相成,缺一不可。对任何旅游目的地、旅游形式而言,旅游资源都是当地旅游发展的基础条件,

而市场需求则是资源开发的方向。瓯菜文化旅游融合发展是以温州饮食文化为核心特色的，因此它的定位也应该以此为基础，并围绕其展开。

2.差异化原则

定位要独树一帜，与众不同，才能在激烈的市场竞争中脱颖而出，给旅游者留下鲜明而深刻的印象。近年来，美食旅游、文化旅游在全国遍地开花。川菜、杭帮菜、潮州菜、台湾美食等都已凭借先发优势，形成了较高的知名度，积累了稳定的客源市场。瓯菜想要在饮食文化和美食旅游中占得一席之地，需要在定位上突出差异化和个性化。

3.可持续原则

可持续发展作为一种不损耗自然和文化的资源，以不破坏环境为发展宗旨，坚持生态的可持续性，社会文化的可持续性和经济的可持续性。瓯菜及其文化像一部百科全书，又是一项易破碎的文物，我们可以读到历史、文化、艺术、民俗、社会等内容，也可欣赏其厚重的时间积淀所带来的沉稳，感受历史的沧桑和浓浓香醇，如品一杯茶沁人心脾。这种历史文化、社会文化底蕴深厚的资源，一旦利用不当，将被损毁，难以修复。因此，瓯菜文化旅游融合发展要遵守可持续发展原则，在保护的同时谋求开发，最终实现可持续的发展。

（二）注意问题

瓯菜文化旅游融合发展定位应当注意以下两个问题：

1.明确瓯菜文化旅游融合发展主题，突出历史文化的深厚内涵

文化旅游资源开发的导向应先确定旅游主体的文化主题，进而确定其审美价值，正确的文化主题是保证文化旅游资源永续利用的前提。因此，瓯菜文化旅游首先要把握当地的饮食习惯、传统和特色，凸显其内在特点，使之通过有形载体展示给旅游者，并对瓯菜进行合理突破，拓展其内涵和外延。

如果说文化导向是“魂”，文化主题则是“躯干”，合理有序的文化内容组织则是“血和肉”。因此，在既定文化导向和文化主题的统领下，应对文化导向、主题进行拓展、丰富和详细的表述，突出地域文化特色。

2.突出瓯菜文化特色，综合开发旅游产品

特色是旅游项目的灵魂，因此，在瓯菜文化旅游资源开发中，要力求做到“人无我有，人有我特”，特别是要注意抓住垄断性的资源进行开发，开发

时做到重振固有特色，发掘潜在特色，烘托现有特色，创造新奇特色，尽量保持资源的原真性、独特性。

三、瓯菜文化旅游融合发展定位

瓯菜文化旅游融合发展作为温州市国际大都市和时尚之都建设的核心内容，紧紧抓住世界温州人的网络关系，围绕瓯菜文化旅游融合发展的大资源、大产业、大空间、大规划为大旅游战略，注重瓯菜文化价值的挖掘，坚持旅游与文化的互动共生，坚持走适合温州实际的文化旅游发展道路，围绕中心、培育特色、打造品牌。温州瓯菜文化旅游融合发展总体定位：国际的瓯菜文化，中国的美食名城。

国际层面：瓯菜文化旅游融合应放眼世界，充分发挥“世界温州人”网络关系的资源优势，大力发展文化旅游，把瓯菜文化发展成为温州市建设时尚之都和国际大都市的文化符号，瓯菜文化作为其主流文化的其中一脉，应积极传出国门，走向世界。

中国层面：将瓯菜文化旅游和提升城市文化和旅游综合实力联系起来，把温州建设成为名副其实的美食中心——瓯菜名城，吸引旅游者走进温州。

近期层面：瓯菜的发展刚起步不久，应避免急于求成、盲目攀比、贪大好显的倾向，实事求是地确定奋斗目标，循序渐进地进行战略部署。在近期（到 2020 年之前）应该是争创浙江省最有影响力和吸引力的“瓯菜文化美食名城”，认真落实好《浙江省人民政府关于振兴浙菜加快发展餐饮业的意见》，合理合情、有序、扎实开展和完成“瓯菜文化美食名城”的任务。

远期层面：从动态来看，瓯菜文化旅游资源借在国际上已有的知名度和影响力，与温州国际大都市和时尚之都建设相对应，将其定位为“中国的时尚美食文化旅游名城”，以其为远期奋斗目标有助于推动温州旅游产业和温州经济转型全面建设。

第四节　瓯菜文化旅游融合发展的主要任务

一、瓯菜文化旅游融合发展的主要任务

（一）明确价值，深化认识，确立瓯菜文化旅游的新地位

从国内外城市饮食文化旅游融合发展的最新趋势，结合温州自身发展

阶段、温州旅游业发展目标等多维框架，明确瓯菜文化旅游融合发展的价值与意义，把瓯菜文化旅游融合发展确立为温州旅游业提升发展和时尚之都建设的根本途径、温州文化旅游的重要发展动力与发展方向。

（二）全面审视，系统研究，勾画瓯菜文化旅游的新目标

基于温州瓯菜美食旅游发展的历史、现实与前景，基于温州这座城市的特色价值与它的国际地位，系统研究并勾画瓯菜文化旅游发展的新目标，增强认同感与号召力，推动温州旅游由“山水旅游”向“时尚文化旅游”转变。

（三）注重需求，联动发展，打造瓯菜文化旅游的新功能

根据国内外旅游消费者的需求特点变化，以及其体验性、多元性、便捷性、形象性、综合性等特征，推动瓯菜文化旅游跟其他相关领域有机“嫁接”，衍生出新的服务功能，为旅游者、本地居民创造高品位的文化休闲时尚生活。

（四）精品带动，加强传播，塑造瓯菜文化旅游的新形象

温州旅游资源丰富，但瓯菜文化旅游形象还未开发，显著特征尚未被认识，对旅游市场吸引力并不大，这不符合温州旅游业发展的整体要求。对瓯菜资源的开发利用必须有重点、有聚焦，应该通过对文化旅游精品项目与产品的打造，通过多渠道、多手段的信息传播，凸显瓯菜文化旅游的新形象。

（五）整合资源，优化配套，开发瓯菜文化旅游的新产品

以现代视野、超前的眼光挖掘各类瓯菜文化旅游资源的休闲与时尚价值，通过资源要素的有机整合，同时配套相关服务设施及项目，开发能够从多个角度触摸温州文化内核的文化旅游的新产品，彻底改变文化旅游景观被零散化组合到同一个旅游主题和形象上的现象。

（六）全面建设，综合提升，构建瓯菜文化旅游的新体系

温州的饮食文化旅游资源基础好，但瓯菜文化旅游融合发展的现实基础并不优越，不管是在形象、认识、理念，还是在景观、功能区、线路等方面，都需要全面建设，进行综合提升，构建瓯菜文化旅游的新体系。

（七）统筹兼顾，联动发展，培育瓯菜文化旅游的新生长极

瓯菜文化旅游发展涉及餐饮、文化、旅游等多个领域，触及各方利益，应避免出现行政垄断、条块分割、空白领域无人管理等现象。因此，要保障发展顺利进行，必须清理各部门发展的基本诉求，以及之间的关系。通过统筹

多方利益，实现文化旅游和其他产业的共同发展，在联动发展、融合发展、共生发展过程中，不断培育瓯菜文化旅游新的生长极。

二、瓯菜文化旅游融合发展的保障措施

上述几节所阐述的瓯菜文化旅游融合发展的目标是远大的、定位是合宜的、思路是清晰的、任务是明确的，但实现关键在于保障措施是否得当，是否到位。否则一切都将成为一纸规划，纸上谈兵，丰满的理想最终将被骨感的现实所摧毁。

瓯菜文化旅游作为一种在文化产业和旅游产业之间融合发展的经济文化现象，是两大产业在发展到一定阶段时必然面临的产业转型升级的客观要求。这期间不仅需要两大产业全体从业人员的共同努力，更需要各级领导的大力支持和社会各方面的协调配合。

保障措施将从动力体系、加固体系、供求体系和科技体系四个方面来统筹分析，其措施系统如图 7-2 所示。

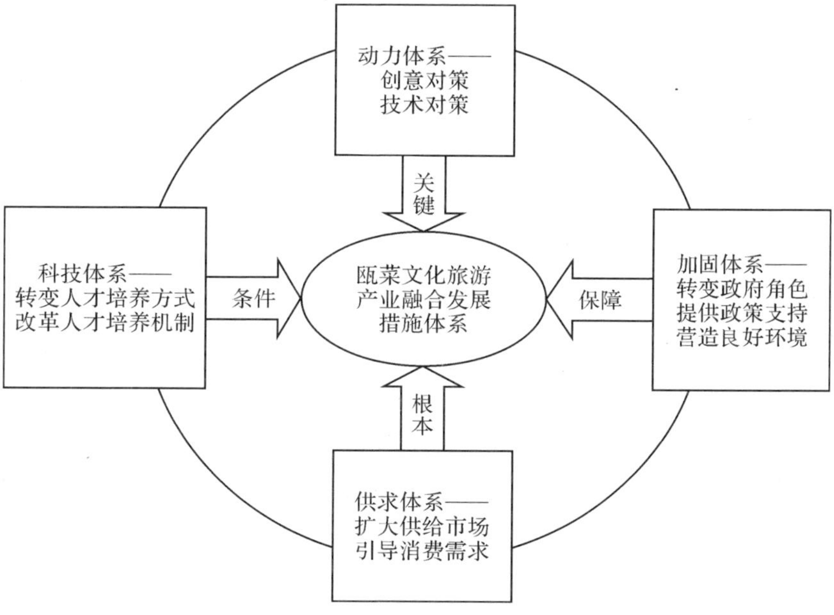

图 7-2　瓯菜文化旅游产业融合发展措施体系

(一)创意为魂，技术为条件，构建瓯菜文化旅游融合动力体系

动力体系的措施来自于创意和技术两个方面，其中创意是两大产业的

灵魂，两者的创意谋合是两大产业融合的动力所在，促进融合的外部条件则是技术。

在知识为核心竞争力的经济发展一体化中，被看作是影响经济效益的决定和关键因素的文化创意和科技创新正成为推动现代经济增长的双核驱动力。创意思维推动和促成了文化产业和旅游产业在广度融合上拓宽、在深度融合上递进、在多元融合上跨界。因此需要重视创意产业通过“越界”促成不同行业和领域重组与合作的重要作用，且以创意思维促进两大产业转型升级。因此，创意思维丰富了瓯菜文化旅游的情感、品位，实现了“资源的文化价值＋现代科技＋生活时尚”的产品文化情怀。

产业融合初始于信息通信技术产业的融合，在信息通讯领域应用最为广泛、效应最为突出。促进产业融合现象的主要原因是技术创新，它通过不同产业之间的技术扩散形成技术融合的良好基础，加上其他外部条件促使不同产业间的边界逐渐被冲破、模糊和消失，最终形成产业融合。技术创新虽不是文化旅游产业融合发展的根本动因，却是其融合的催化剂。因此，加强文化科技的发展与创新，能提升瓯菜文化产品的创作力、凸显瓯菜文化产品的表现力、拓展瓯菜文化产品的传播力，也为瓯菜旅游产品注入了技术，使其具有独特性，不易被模仿。

(二)政府引导，政策支持，完善瓯菜文化旅游融合加固体系

1.政府角色转变

从瓯菜文化旅游需求角度来看，游客多样化的体验性旅游需求是旅游产业融合发展的根本动因。瓯菜旅游资源开发必须迎合旅游者对瓯菜文化旅游产品复合型、文化性、参与性、差异性、延伸性的需求。这些要求只有通过市场，才能引导“菜”“企业”“文化”等资源进行优化配置和整合。从供给来看，企业追求利益最大化是推动旅游产业融合发展的根本动力。为了获得更多的回报，旅行社、瓯菜餐饮企业和文化企业之间进行多业务组合、多元生活、多市场扩散、多功能优化、多资源利用，增强企业经营可持续性。旅游市场可以发挥主导作用，有效地解决旅游供给和旅游需求之间的矛盾。那么政府在融合发展中扮演什么样的角色呢？发挥什么样的职能？经过思考和讨论，笔者认为政府应该扮演四大角色，发挥四类职能，如图 7-3 所示。

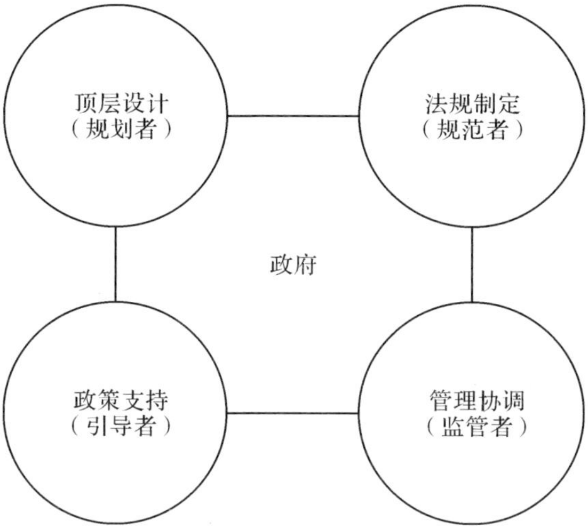

图 7-3　政府的四大角色

规划者：在瓯菜文化旅游产业融合初期，政府要做到：首先，明确瓯菜资源禀赋，挖掘其核心价值；其次，考虑瓯菜文化旅游发展目标、任务、产业定位、项目规划、空间布局；最后，搭建平台，引导企业有序发展。过程看似简单，实施却很难，需要政府做好顶层设计，科学规划。

规范者：在瓯菜文化旅游融合过程中，衍生出新的旅游产品，政府要制定产品标准，如瓯菜制作标准、瓯菜美食旅游产品标准等；还会涉及文化知识权、版权维护的问题，政府要出台一系列的法规、条例和标准，对瓯菜文化旅游融合发展和良好运行起到重要的规范和服务作用。

引导者：政府在产业融合中在放松管制的同时，要搭建瓯菜与文化与旅游的平台、制定优惠政策、减免企业税负、提供资金支持、营造良好的投资氛围等，以促进两大产业融合发展。

监管者：政府要重在管理协调，如管理到位，监督省力。如，协调社会各方力量来改善瓯菜文化旅游发展大环境并进行整体文化旅游形象宣传，采用各种方法鼓励瓯菜餐饮企业发展，解决两大产业融合的壁垒，同时还要保护消费者利益等。

政府要为瓯菜文化旅游产业融合发展创造良好环境。为促进瓯菜文化旅游产业融合发展而制定相关政策和法规，并实行政策鼓励以规范知识产权市场。政府要为瓯菜文化旅游产业融合发展放松管制。改革传统管制、体制及政策,以此来逐渐消除新兴产业出现的行政垄断、条块分割或管理空白、推脱责任等恶劣现象。政府要为瓯菜文化旅游产业融合发展出台相应产业政策和技术政策,改革政府规制机构、规制政策,加强激励性和社会性规制,发展高新技术同时强化其在瓯菜文化旅游产业融合发展当中的重要作用。

2.提供政策支持

在政策支持方面:强化政策扶持力度,加快制定出台操作性强、有力度的扶持瓯菜文化旅游融合发展的政策及操作细则,扶持瓯菜龙头企业,减免税收或者经营奖励模式,鼓励企业进行瓯菜研发与创新、生产及标准化建设等,促进瓯菜产业化发展。对特重大旅游新项目采取一事一议政策以给予优惠和扶持,比如"中国瓯菜名城"建设,在土地使用、经营审批、金融贷款等方面予以特办。鼓励餐饮与旅游项目融合建设,扶持具有产业优势和品牌优势的经营企业,共同推动旅游开发和企业升级。科学规划瓯菜旅游资源开发和瓯菜旅游项目建设,加强与上级旅游发展总体规划的衔接,统筹瓯菜餐饮发展用地,增强规划管理和监督。将瓯菜建设用地纳入旅游土地利用总体规划和年度计划,在编制土地利用年度用地计划时,充分考虑大旅游产业的发展需要。

在投资环境方面:优化投资环境,强化基础设施建设,提高招商引资的综合竞争力,推进产业集聚、企业集群。健全投资服务体系,完善外商投资服务制度、领导工作联系制度和政务公开制度,整治乱收费、乱摊派、乱检查行为。提高温州市政务服务质量和办事效率,依法简化审批程序,努力营造亲商、安商、惠商、富商、便商的政策环境。提高开放合作水平,充分利用温州与福建、台湾的地缘优势和温商回归、浙商走进温州两大政策平台,按照"政府主导,市场运作,优势互补,利益共享,共同发展"的原则,积极开展与大周边省份(姊妹城市)和小周边区县的沟通与协作,探索建立跨行政区域合作机制。完善招商引资机制,加快建立以项目为主体的招商引资机制,健全招商引资目标管理责任制、评价考核机制。创新招商方式方法,加强招商引资项目策划、包装工作,立足于大招商、招大商,加快引进一批具有较大辐射力和带动作用的瓯菜项目和企业。

在资金支持方面:多渠道筹措资金,加大对瓯菜餐饮业的投入,充分利用国家各项配套政策和措施，多方位争取上级财政部门和行业部门资金支持。向金融系统争取贴息、低息等各种贷款，同时尝试资本市场融资、国际金融组织贷款等形式，争取各种扶贫资金、慈善资金及旅游发展资金。

3.营造良好的环境

良好的产业发展环境对产业深化融合发展影响巨大，直接影响推进的速度、市场开拓、资金投入等关键环节。制定瓯菜文化旅游政策制度及通过宣讲、专项规划编制、专题论坛举办、专题推进会议召开、新闻媒体传播等途径，营造浓郁的社会氛围，切实优化瓯菜文化旅游发展的社会环境。

（三）供需相宜，市场为主体，培育瓯菜文化旅游融合供求体系

1.依靠转变企业发展战略扩大供给市场

企业作为产业融合的主体，其实力大小和创新能力高低对能否实现产业融合起着关键作用。旅游及相关企业要从旅游市场需求出发，推进瓯菜技术创新，设计出符合旅游市场需求趋势的瓯菜融合型旅游产品。企业要对自身产品进行多元化、全方位的业务整合，增强企业的竞争优势。瓯菜餐饮企业要将菜品多层次化，将顾客定位本地居民和旅游者、散客和团队协同化；旅行社企业要将美食概念、文化理念、时尚元素注入旅游线路中去，以迎合市场需求。相关企业结构要根据瓯菜发展战略和新业态环境变化做出相应的调整，对不同业务市场的到来做出灵敏反应。

2.依靠转变产品营销策略引导市场需求

融合型的旅游产品对企业和消费者而言都是一种新兴业态。新兴业态能否被消费者和市场所接受，需要时间检验，通过企业和消费者的反应做出评判。因此，相关企业需要通过转变市场策划和营销手段来引导和引领市场消费需求，只有这样才能促进瓯菜文化旅游产品被市场认可，进而实现市场份额的提高。第一，要运用好概念营销，准确把握瓯菜文化旅游消费者的心理需求、需求特点和需求偏好，以瓯菜文化旅游产品为依托，突出美食特色以创造新奇概念引导消费思维，通过现代传媒技术将自己的产品打造成销售热点。第二，要运用好网络营销，借助联机网络、电脑通讯、数据交换、移动媒体等新媒体进行瓯菜文化旅游营销，来实现对市场的宣传和占领。第三，要强化品牌营销。旅游企业通过树立品牌、强化品牌来延伸产品价值

链的营销行为，从而获得良好的网络效应和传递效应。第四，要深化文化营销。旅游企业在营销过程中，要重视将企业文化融入营销行为，以提升瓯菜文化旅游文化内涵和精准产品的市场定位。

（四）人才培养，智力为创造，提供瓯菜文化旅游融合人才保障

有效推动文化旅游产业融合发展的根本动力是具有融合战略观、跨行业驾驭能力、多业务水平的复合型人才。对于瓯菜文化旅游融合发展来说，复合型人才缺乏是致命弱点。因此，要加快推动瓯菜文化旅游融合化发展，必须转变现有人才培养模式，培养旅游和文化创意兼备的复合型人才。人才培养由理论能力向实践能力转变，由单一专业性向跨专业、跨领域复合型人才转变。政府要创造多方利好政策吸纳复合型人才进入瓯菜文化旅游融合领域。企业要加强与相关专业的院校合作，全面培养复合型人才的综合素质和专业能力。

第八章

瓯菜文化旅游融合开发模式设计

瓯菜文化旅游产业融合模式是从生产经验和生活经验中经过抽象和升华提炼出来的系统发展体系，路径则是建构模式的具体措施与对策。在产业融合发展当中，路径并不是单独存在和发挥作用的，不同的路径之间本身也是融合过程。本章内容的模式设计研究是对瓯菜文化旅游融合路径的分类、优化、组合，是文化旅游产业融合发展具体表现的提炼和升华。因此，在不同的融合模式下，促进两大产业融合发展的路径存在多种可能。

如本书第五章所述，文化产业与旅游产业融合路径有资源、技术、业务、空间、功能和市场六个方面，通过不同路径组合和优化，将旅游城市建设、旅游资源开发、旅游空间布局、旅游氛围营造、旅游功能发挥等内容渗透到瓯菜旅游资源开发当中，同时积极推动温州文化、经济、社会、环境多维整合模式，以此实现文化与旅游发展的融合一体化。

第一节　旅游综合开发模式——空间＋业务＋市场＋功能＋技术＋资源

一、旅游综合开发的发展趋势

近年来，越来越多的成功实例证明，旅游引导的区域综合开发模式——以旅游休闲为引擎，实现区域产业聚集、区域土地升值与休闲地产开发，最终带动区域综合开发的发展模式已经成为带动区域经济社会综合升级的有效模式。[①] 这种模式诞生的原因有二：一是休闲时代的到来与经济能力的提高使得市场休闲需求模式从单一观光向多元休闲转变；二是旅游休闲具有强大的地气提升、产业融合与区域带动作用，能最终促进区域大发展。

“旅游综合体”实际上来自于“城市综合体”，但是两者在机制与作用方面，有着巨大的区别。“旅游综合体”是基于产业引导的综合体，“城市综合体”是基于城市功能聚焦的综合体。“文化旅游综合体”是指基于一定的旅游资源与土地基础，以旅游文化和休闲为导向进行土地综合开发而形成的，以互动发展的旅游吸引核、休闲聚集区、旅游地产社区为核心功能架构，相关配套设施与延伸产业为支撑保障，整体服务品质较高的旅游文化休闲聚集区。[②]

旅游综合体已经成为当前政府机构引导区域开发、旅游集团进行旅游开发、地产企业创新地产开发的主流模式，这一趋势，在未来十年甚至更长一段时期内必将继续存在，这是中国旅游产业转型的方向、中国地产开发创新的方向和政府引导区域升级的方向。对于各地政府来说，在旅游综合开发成为旅游投资主流的今天，为更好地顺应市场需求、创造更大的综合效益，正确认识、接受并运用“旅游综合体”这一全新模式于区域开发，将是科学发展观与休闲时代背景下实现区域综合发展率先突破的重要战略选择。

二、文化旅游综合开发的成功案例

(一)万达文化旅游发展概况

在各个城市，万达集团已经成为一个无人不知，无人不晓的商业综合体。作为中国文化旅游投资最多的企业，文化旅游正成为万达新的支柱产业。万达文化旅游投资涉及酒店、影院、大歌星娱乐、儿童游乐场、电影发行、字画收藏、旅游度假村等领域。2014 年万达酒店开业 18 家，累计 71 家；万达影院新开业 40 家，累计 182 家，占有全国 14.5%票房份额；万达大歌星开业 90 家；万达宝贝房成立年，开业 9 家；万达电影发行公司佳作迭出，电

---

① 《旅游综合体开发政府运营模式初探》，http://www.lwcj.com/FocusReport111031004_1.htm，2011-10-31。

② 张若阳：《我国旅游综合体发展模式研究》，山东大学 2012 年硕士学位论文，第 35 页。

影产业链更加完善(笔者根据万达集团官网信息整理而得)。投资500亿元的武汉中央文化区、投资200亿元的长白山国际度假区已开业,西双版纳国际度假区也已启动建设。万达文化旅游城是万达集团凭借多年在商业、文化、旅游产业积累的丰富经验,创新的世界首个特大型文化旅游商业综合项目,具有项目创意世界唯一、设计团队大师组合、万达拥有知识产权三大特点。目前已经启动建设哈尔滨万达文化旅游城、南昌万达文化旅游城、合肥万达文化旅游城和无锡万达文化旅游城。万达城集世界级秀场、星级酒店群、室内室外主题乐园、电影科技乐园、万达城业态于一体,是世界首屈一指的文化旅游航母项目,万达城所到之处都将迅速成为所在城市的文化中心、旅游中心、商业中心以及生活中心,将给城市带来巨大的改变,使之成为世界文化旅游目的地,极大提升城市影响力。

(二)万达文化旅游开发的成功经验

成功不是随随便便的。万达文化旅游项目开发汇集了世界各地一流的智力,是倾全力之作。其中有许多经验值得我们借鉴。

第一,独具特色的一流创意。万达汇集了世界一流的创意设计大师团队,每个项目创意都是唯一而独特的,并且拥有该项目的知识产权保护①。哈尔滨万达城展示中心以冰壶为特征,主题公园采用冰雪主题。合肥万达城展示中心采用了凤阳花鼓的造型,主题公园强调徽文化。无锡万达城展示中心设计成了"紫砂壶"的造型。如武汉"汉秀"大型舞台秀节目,以"中国红灯笼"的设计造型,寓意武汉文化精粹之意,是一盏点亮武汉,点亮中国,点亮世界的文化明灯。②

第二,科技和文化的结合。科技引领未来,作为一流的世界级的企业必然要应用科技创新赢得企业竞争力。科技在很多领域的应用,是万达最拿手的本领。比如万达最早是一家推行节能建筑理念的公司。万达集团所有万达广场和五星级酒店都达到国家星级节能标准,自国家住房和城乡建设部2009年颁布绿色建筑设计标识和运行标识以来,全国获得这两项认证的

---

① 梅咏:《万达文化旅游业态战略解读》,《新闻研究导刊》2014年第14期,第7页。

② 刘艳红、袁俊:《万达集团缔造文化旅游"航母"》,《城市开发》2014年第9期,第48—49页。

商业项目绝大多数是万达广场和五星级酒店，遥遥领先其他企业。高科技应用的另一个突出表现就是万达文化秀不是想象中的舞台表演，它包含大量的机械变化和人体表演。人体极限在展示表演当中是很少的，只占20%，80%走高科技路线。[①] “汉秀”中体现最多的是高科技，各种各样的高科技技术和各种各样的舞台机械。这些创新中，有7项技术已拿到中国专利或知识产权。

第三，文化内涵建设。万达董事长王健林认为：要建立民族文化自信，推动中国文化走向世界。民族文化的坚守只是一种信念，要振兴民族文化，建立民族文化的世界话语权，不仅需要远大的理想，更需要先进的理念和技术保障以及强大的实力。因此，万达文化旅游项目文化内涵建设，寄托着企业远大的理想和抱负。在具体项目上，注重中国地域文化、中国价值和“中国故事”的全球性传播和讲述，打造高科技、中国元素的创新型文化产品。通过自己的文化构想，唤起人们对于家乡的自豪感，他们相信，在这种长期的潜移默化的熏陶中，民族文化自信必将会重新树立起来。

第四，多要素融合。打破旧有的“就文化讲文化，就旅游讲旅游，就商业讲商业”的模式，把所有的元素融合起来。每一座万达城都会成为所在城市新的文化中心、旅游中心、商业中心、生活中心。各地风情节，汇聚了当地的美食之飨，又搬出了各地独具特色的文化，西双版纳主打的是以傣族为主的风情体验，而南昌搬出了宣纸刺绣、毛笔工艺制作、信江石雕、羽毛画制作、传统面具雕刻、杜氏国画写意绣等，合肥拿出的是特色凤阳花鼓、黄梅戏选段等。“多要素融合”这一创新模式也必将携带着它所肩负的使命走出国门，成为全球闻名的中国文化品牌。

第五，构建完善的旅游产业链。以理顺文化旅游产业链的“吃、住、行、游、购、娱”六大元素为出发点，向万达文化旅游项目提供稳定、高质量的旅游客源，打造与酒店、旅游项目的协同效应，万达集团掀起了旅游行业最大规模、最密集化的旅行社收购浪潮。万达已先后并购全国各地11家知名的国际旅行社，形成连锁经营模式，并借鉴跨国商业企业的连锁经营理念，采

---

① 刘艳红、袁俊：《万达集团缔造文化旅游“航母”》，《城市开发》2014年第9期，第48—49页。

取连锁经营模式，做到统一品牌、统一制度、统一运营。这不仅降低了经营成本，更使得相关项目得到了充沛的客源，实现持续化经营。

三、温州旅游综合开发的迫切性

（一）温州社会经济综合升级的需要

近年来，温州市经济下行压力加大，投资有所回落，出口处于负增长状态，企业金融风险仍未消除，商品住房价格连续下降，轻工企业生产经营依然比较困难，招工引才问题和订单短期化、小量化现象比较突出。第三产业发展平缓，内部结构升级缓慢，优化程度低。总体上而言，温州经济疲软。

旅游综合体开发以旅游休闲为引擎，以实现区域轻工产业、服务产业聚集、区域土地升值与休闲地产开发，最终带动温州市经济硬增长，增强在新形势下的城市经济竞争力为目的。旅游综合体开发，加快温州文化型城市化道路建设，推进温州大都市区建设，最终促成社会经济综合升级。

（二）产业融合、资源整合的需要

近几年来，温州市在科学发展观指导下，文化事业建设取得了明显成效，文化产业规模进一步扩大，文化产业在国民经济中所占比重逐年提高，文化创意产业如雨后春笋般破土而出。但是与杭州、宁波等主要城市相比，当前温州市文化产业发展水平仍存在较大差距。

旅游综合开发将改变温州市“文化软实力”明显滞后于“经济硬实力”的现状，促进与旅游产业的融合，整合多要素资源，使得文化产业成为温州旅游吸引物之一，通过旅游市场带动发展，促进旅游消费，同时把旅游者吸引进来，把文化带出去。

（三）时尚之都建设的需要

温州山水环抱，面朝东海，坐拥良港，优越的区位条件，雄厚的民间资本，较高的生活消费能力为“时尚之都”建设奠定了良好基础。2015 年 3 月温州市政府下发的《温州市加快推进时尚消费发展实施方案》，指出到 2016 年底，市区新建投用综合体项目 6 个，到 2020 年底，市区主要商业中心建成综合体 20 个。

综合开发本身是一种时尚，是温州时尚之都建设的强大载体。综合开发将充分挖掘温州地域文化，促成各种时尚元素融合、时尚产业聚集，将零散化、碎片化的资源整合，易于时尚产业聚集，整体发力，促进地方经济整体发展和旅游业持续发展。

四、温州文化旅游综合开发的设想

(一)瓯菜文化旅游综合体开发中的定位

旅游综合体本是一种整体性的文化旅游资源开发,是最大尺度的区域文化聚集展示、生产、体验中心。因此,单瓯菜文化支撑不了整个文化旅游综合体,但瓯菜文化作为瓯越文化的重要构成部分,瓯菜时尚作为最重要的时尚元素之一,“瓯菜”及其文化,既是城市文化软实力和文化旅游产业发展的大文章,也是城市经济社会发展强有力的推动力量。瓯菜及瓯菜文化在温州必将发挥更加重要的作用,为文化温州、时尚温州更增添魅力。

(二)温州文化旅游综合体规划

温州文化旅游综合体,应整合所有温州特有的资源,运用世界一流的科技和手段,创意独特,而且要重点突出温州元素,特别是地域性文化元素的挖掘,构建集群化、一站式,使项目规模能够达到大型旅游游客群的接待,同时通过科技和文化的结合,呈现出我们自己独特魅力的“城中城”。这样的文化旅游综合体将引发旅游消费模式升级,景区发展模式升级。温州文化旅游综合体发展构架如图 8-1 所示:

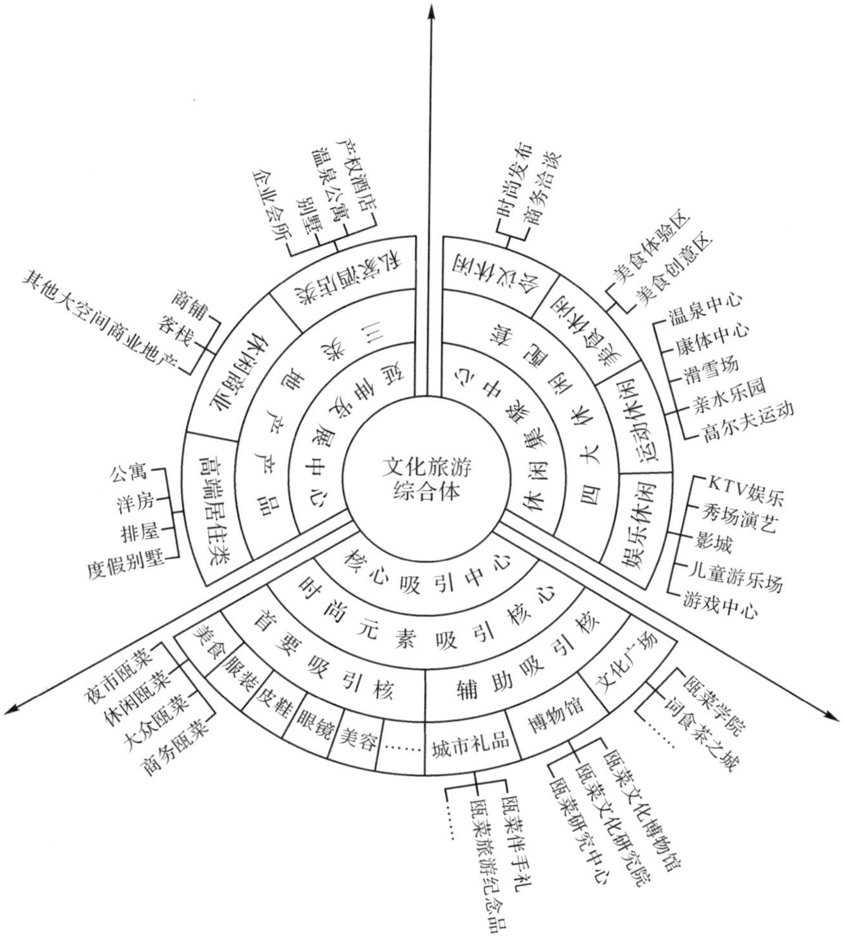

图 8-1 文化旅游综合体模式架构

(1)以一定的旅游资源为基础。依托一定的旅游资源是打造文化旅游综合体的前提,此处的旅游资源包括有形的物质资源和无形的文化资源,可以是现实已有的资源也可以是即将打造的资源,它是一个泛旅游资源概念。那么如何转化成具有独特吸引力的旅游产品体系是其核心指向。温州文化旅游综合体要以时尚资源、瓯越文化资源为基础,展开文化旅游产品体系设计。

(2)以旅游文化休闲功能为主导。旅游文化是文化旅游综合体的魂,旅游休闲是文化旅游综合体的功能主导。基于温州旅游文化综合体的构架,以温州独特的地域文化为其核心价值,融合了时尚消费、娱乐功能、休闲度假、会议、体验、居住、购物等多种旅游功能在内的“综合旅游文化休闲”。在实际开发中，功能配置上根据温州经济社会发展的具体情况，突出瓯菜文化与休闲功能的最佳组合。

(3)以综合开发为手段。综合开发是文化旅游综合体的主要特征，也是打造旅游综合体的第一要领。第一，产业融合发展。文化旅游综合体是单个旅游项目到综合旅游聚集区的转变，包括文化、创意、地产、建筑、商业、会展、体育等在内的综合发展构架。温州文化旅游综合体，侧重于文化功能和旅游功能融合开发，比如美食时尚＋瓯菜文化＋休闲功能的融合开发。第二，功能综合配置。文化旅游综合体与传统景区的最大区别在于聚集了多种旅游功能，即要突出某项功能，有能够一站式满足游客全方位的旅游体验需求。温州文化旅游综合体的功能将综合“吃、住、行、游、购、娱”旅游的六大要素。第三，配套的综合建设。综合体除了产业、功能外，还需要市政设施、基础配套、服务管理机构等综合建设。第四，目标综合打造。温州文化旅游综合体，完全有可能发展成为“城市特色功能区、旅游文化休闲新地标、城市文化新名片”，超越一般旅游区层面，同时对城市、文化同样有着巨大影响。第五，土地综合开发。旅游文化休闲导向型的土地综合开发，是旅游综合体打造的本质所在。

(4)以较高品质服务作为保障。作为旅游开发的升级模式，旅游综合体必须拥有超越一般景区、酒店等企业的较高品质的服务作为保障，如此才能够实现良好的运营。

(三)融合模式与路径

“文化旅游综合体”包括休闲综合体、创意文化综合体、度假综合体、休闲商业综合体、养生综合体、康疗综合体、休闲农业等各种类型。旅游综合体基于旅游产业综合发展的构架，融合观光、游乐、休闲、运动、会议、度假、体验、居住等多种旅游功能在内。因此，它已不单单是文化产业与旅游产业的融合，涉及融合的产业还有房地产业、建筑业、金融业、农业、工业、体育业等多产业、全路径上的高层次的融合模式。本书重点从文化与旅游产业融合角度阐述。

“文化旅游综合体”将在空间、业务、市场、功能、资源和技术的多重融合中形成和发展起来。“文化旅游综合体”首先是在空间上实现了大融合，使得旅游产业及其相关产业在空间上高度集聚，涉及了旅游、文化、商业、酒店、房地产等多个产业。其次，因不同的融合模式，其主要路径不一。基本上而言，文化产业园模式通过"空间＋业务＋市场＋资源"实现；创意旅游空间模式通过"技术＋空间"实现；创意场馆休闲模式通过"技术＋功能＋资源"实现；创意旅游商品模式通过"技术＋市场＋业务"实现；文化旅游节庆模式通过"资源＋市场"实现；文化旅游演艺模式通过"技术＋市场"实现。这些模式将在下面章节中具体展开讨论。

第二节　文化产业园模式——空间＋业务＋市场＋资源

打造中国瓯菜名城是实现瓯菜文化旅游产业融合发展的重要模式。中国瓯菜名城文化产业园为人们提供了一种集主题性、文化性、娱乐性、休闲性为一体的新兴游乐方式，是对瓯菜文化旅游资源的一种有益补充，同时满足了人们对新型主题体验旅游和文化娱乐休闲方式的追求。这种以文化体验和休闲为主的旅游开发模式，可以算作温州文化产业和旅游产业融合发展的一次升级。

一、中国瓯菜名城文化产业园的发展架构

中国瓯菜名城文化产业园的发展架构以瓯菜及文化为核心吸引物，是文化产业园的核心价值体现，以文化休闲为文化产业园的主题功能部分，以公共配套为构建城镇化的核心基础，以产业融合发展带动区域综合发展的主要形式的四个层级，依次延伸和外扩，如图 8-2。

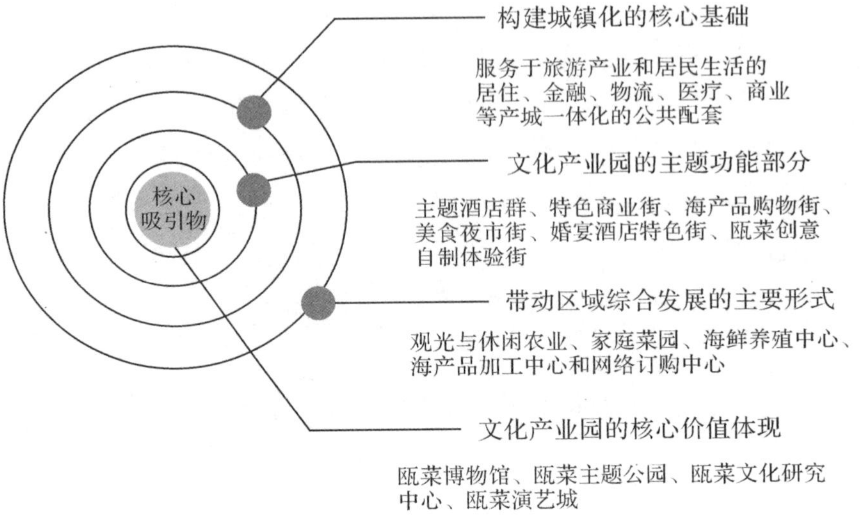

图 8-2 中国瓯菜名城文化产业园发展架构

(一)文化产业园的核心价值体现

瓯菜及文化作为中国瓯菜名城文化产业园的核心吸引物,能吸引旅游者,提升文化产业核心价值,培育产业园的优势竞争力。

(二)文化产业园的主题功能部分

文化产业园的主题功能部分定位为文化休闲,符合现代旅游者的休闲度假、文化体验等需求。

(三)构建城镇化的核心基础

社区配套网,是服务于旅游产业和居民生活的支撑功能,如居住、金融、物流、医疗、商业等产城一体化的公共配套。

(四)带动区域综合发展的主要形式

以吸引核、休闲聚集区、居住社区为主体,同时会在周边区域形成产业延伸的一系列项目,往往环绕中心区,形成辐射或组团分布。这些特色延伸产业,包括观光与休闲农业、家庭菜园、海鲜养殖中心、海产品加工中心和网络订购、配送中心等。这种延伸产业发展可能性及其空间巨大,业态非常丰富。

二、中国瓯菜名城文化产业园规划要点

文化产业园规模偏小,实力较弱,发展不充分,基础设施设备不够完善;

目前，温州文化产业园的总体情况：产品单一，文化产业人才缺乏，经济效益低，产业融合层次低，路径单一，等等；资源整合深度不够，最为常见的文化与餐饮资源整合，也只落得“智库”变“吃库”；园区多元文化消费需求尚未得到全面关照，文化产品、文化服务及功能，与旅游者的多维文化消费预期产生较大落差。因此，为避免雷同命运，中国瓯菜名城文化产业园规划要注意：

(一)明确园区定位，避免低价竞争

在竞争日益激烈的背景下，文化产业园的定位已成为吸引旅游者的决定性和关键性因素。文化产业园必须有明确的定位，其所发展的具体产业也应该有所侧重，不能一哄而上，重复建设，陷入低层次的价格竞争。中国瓯菜名城文化产业园以“瓯菜文化”为主题和灵魂，以文化休闲为主要功能，以吸引旅游者和本地居民为主要消费对象。

(二)强化政府服务，有效整合资源

政府要认真研究，合理规划，充分利用已有的瓯菜文化资源和智力资源；制定产业优惠政策，服务园区发展初期所面临的资金、环境、安全及宣传问题；建立完善的产业基础设施，搭建平台，吸引瓯菜企业和文化企业入驻园区；要建立合理的文化产业园运作机制，包括开发模式、运营机制和管理模式，使产业园能够良性运作；有效整合旅游资源，引导旅游者消费，保证园区的可持续发展。

(三)完善主导产业，打造产业链条

中国瓯菜名城文化产业园以餐饮为主导产业，真正体现了本地区比较优势。争取财政、税收、法律等各种优惠措施，大力培育生产原创型文化产品的企业，积极发展瓯菜文化产业下游的衍生品生产企业，形成一条完整的产业链，形成文化产业园的集聚效应和辐射效应，推动瓯菜文化产业的发展。

(四)突出产业特色，塑造品牌形象

本地特色的饮食文化——瓯菜文化具有很强的垄断性和不可模仿性。中国瓯菜名城文化产业园以瓯菜文化资源为立足点，凸显特色的温州文化特色，使园区产业独一无二，保证了园区发展的可持续性。塑造品牌形象方面，瓯菜的形象符号定位要以有特色、差异化、彰显温州文化底蕴为指导思想，是“菜”“景”“人”“物”“人文精神”的大融合。瓯菜资源的口号与温州“大旅游”和“时尚之都”建设相结合:“品瓯菜、品温州、品时尚”“爱温州、品瓯菜”“健康饮食在温州——品瓯菜”“另一面温州——美食故乡”。

(五)重视人才培养,产学通力合作

文化产业是靠知识、智慧支撑的,人才竞争是根本竞争,因此文化产业园的发展,关键是人才。文化产业园应该通过制定人才规划、增加经费投入、颁布优惠政策、人才合作培养、共建研发机构等方式,把文化产业园变成产学研相结合的重要基地、文化产业人才培养的高效平台。

三、融合模式与路径

中国瓯菜名城文化产业园将在空间、业务和市场的多重融合中形成和发展起来,属于文化产业向旅游产业渗透融合模式。

资源+功能+空间融合路径:瓯菜博物馆——一般的博物馆往往只做静态文化展示,其吸引力有限。赋予博物馆静态文化展示和活态制作过程展示双重功能,使旅游者满足文化需求的同时,还能参与文化体验,功能得到外延。博物馆因自身文化加上活动策划产生创意空间,这是文化空间的融合。博物馆使得旅游产品的文化功能得以凸显,同时又是文化产业消费功能发挥的途径。

资源+空间+市场融合路径:瓯菜主题公园——环绕瓯菜蔬果种植和水产品养殖的主题而建立的人造公园,再配合不同的人工设计景观和设施,让游客体验到主题文化,发挥集观光、农事体验、种养殖科技教育等功能为一体的公园。

资源+功能融合路径:瓯菜文化研究中心——鼓励支持餐饮企业、专业院校和行业协会,成立瓯菜文化研究机构,加强对瓯菜文化、瓯菜标准、瓯菜名录、瓯菜创新等内容的收集整理和研究,发掘温州饮食文化和人文内涵。

技术+功能+空间融合路径:瓯菜非遗技术传承中心——加强对瓯菜非遗文化的保护,大力支持瓯菜申遗;编写出版《中国温州瓯菜》,组织新瓯菜菜品编入《中国浙江——乡土菜谱》,提高瓯菜文化的品位等。

技术+资源+业务融合路径:瓯菜演艺中心——运用现代科技进行烹饪表演,开展地方特色戏剧瓯剧、南戏、鼓词的表演活动,展现独特的瓯菜文化元素和奇致的感观体验,增加与旅游者的互动,为旅游产品增加附加值。

市场+空间+业务融合路径:主题酒店群——休闲度假旅游中“旅居”特征明显,这将带来大规模的消费,实现旅游度假经济的带动效益,对整个经济结构将形成复合型带动。激活度假需求之一就是住宿。为满足旅游者对住宿高要求、高品位、多元化需求，就要建造带有浓郁文化特色的民俗、高端休闲酒店。

市场＋资源＋空间融合路径：特色商业街——文化休闲需求模式下，购物和消费将是促成经济转型的另一大渠道。在文化产业园区内打造特色商业街，包括海产品购物街、美食夜市街、婚宴酒店特色街、瓯菜创意自制体验街等，能满足旅游者和本地居民生活的共同需求。

第三节 其他模式

一、创意旅游空间模式——技术＋空间

创意旅游空间模式是指通过创意技术和手段在温州旅游发展的地理空间、文化空间和生活空间形成空间、标志性文化的融合发展模式。温州在当前高房价和可供开发土地量偏少的背景下，将已不适应城市建设要求的工业厂房转变功能用途，用于发展创意、娱乐、宾馆、科技、教育、卫生、文化、体育等第三产业，“退二进三”策略是科学合理利用空间、加快城市建设步伐的一着妙棋。“退二进三”政策也为文化空间融入生活空间打开了一扇门。目前，做得较为成功的有由黎明工业区改造的东瓯智库文化创意园，由温州冶金厂改造的浙江创意园和国家广告产业试点园区等。这种模式在路径上体现了技术(创意)和空间(关系)的融合，在融合模式上属于文化产业向旅游产业的渗透模式。在标志性文化的创意和设计上，瓯菜要充分发挥自身的文化优势和地域特色，可以在旧工业区通过创意手段和方式形成瓯菜创意空间，并使其根据自身的变化、创意和艺术而成为温州主要的旅游吸引物。

二、创意场馆休闲模式——技术＋功能＋资源

创意城馆休闲模式是通过创意思维将旅游产业向文化产业渗透的融合发展模式，在路径上体现了技术(创意)、服务(功能)与资源(载体)的融合。温州休闲文化场所的数量虽然不多，但是通过创意驱动场馆休闲模式，作用和效果会十分显著。

温州的山水为最重要的旅游资源，通过创意(技术)和文化整合手段，将温州山水地理分布机理整理出来，并通过瓯菜创意餐馆、瓯菜文化馆、瓯菜博物馆等形式进行布展。温州山水连线间的瓯菜及文化创意空间布局，将

瓯菜资源巧妙地渗透到温州特色山水旅游中，并将山水文化与瓯菜文化融合，创造出全新产品。同时，可以在山水旅游景点内增设瓯菜文化休闲项目，比如游戏吧、茶吧、书吧等；开发艺术瓯菜休闲游，在苏步青、夏鼐故居等具有突出历史特色的老建筑中开辟各具特色的文化小型博物馆。总之要以精品文化工程为抓手，带动瓯菜品牌的推广和提升。

三、创意旅游商品模式——技术＋市场＋业务

创意旅游商品模式是在考虑市场需求和产品的基础上，通过创意思维和创新手段充分开发融艺术性、实用性和体验性为一体的新型旅游商品开发模式。它在路径上体现了技术（创意）、内容（市场）和业务（组织）的融合，在融合模式上属于旅游业向制造业和文化创意业的延伸融合。

瓯菜可供开发的旅游商品很多，有炝蟹、淡皮、鸭舌、熏鸡、鱼丸、鱼饼及各种小吃等。瓯菜食品类的旅游商品在外包装设计、品牌设计、地理标志、产品分类艺术性上的挖掘还是远远不够的。总体上而言，瓯菜食品旅游商品还是缺乏经过创意融入突现旅游商品的艺术性和实用性的统一。瓯菜旅游商品应在外包装、品牌、分量、做法的创新和创意上下功夫，进行差异化开发，以便从竞争激烈的同质化旅游商品当中脱颖而出，同时获得经济利益。如台湾的凤梨酥，档次上分高档、中档、经济档，在外包装上分桶装式、盒装式、牛皮纸式等；在文化创意上，充分联系名人偏好、强调功能特色；在分量上，分大份、小份等，以满足多元化旅游者的需求。因此，凤梨酥成了台湾旅游必不可少的旅游商品。

创意旅游商品模式要注意以下几方面的内容：第一，拒绝低等劣质商品，这是创意旅游商品模式的前提；第二，突出地方文化特色，这是创意旅游商品模式的关键；第三，创新彰显差异经营，这是创意旅游商品模式的根本。因此，瓯菜创意旅游商品模式可以从以下几个方面来实现：

首先，成立瓯菜旅游商品创意园区或者企业，将瓯菜进行创意展览和销售。瓯菜旅游商品创意园区的优势是：资源集聚；资源，基础设施，市场和客户共享；专业化分工协作，避免重复建设；优胜劣汰，公平竞争；共创品牌，形成群体竞争优势。瓯菜旅游商品创意园区是旅游商品发展引领市场最有效的一种研发模式，其知识密集型、高附加值、高整合性的特质对于提升我国旅游商品产业研发水平、优化产业结构有着不可低估的作用。因此，温州可以建设旅游

商品创意园区，将瓯菜作为其中一个主题，逐步把园区打造成为旅游商品的展览中心、销售中心、创作中心、培训中心、研究中心和收藏中心。

其次，瓯菜的创意发展要特色化、差异化，要不断延伸产品链、产业链，不断增加产品品种，不断扩大产业规模，形成一种大规模、高效益的“链式经济”。其中，关键的环节还是要对瓯菜商品进行创意和创新，改变一直以来固有的“现做现吃现卖不可带”的陈旧印象，多开发一些宜带、宜存、宜赠送，兼具艺术性和实用性的商品。

四、文化旅游节庆模式——资源＋市场

节庆是文化旅游产业在资源和市场上的重组型融合模式，属于较典型的重组型融合模式。节事旅游常态化发展，可以用旅游节事活动来营销温州的城市旅游、丰富旅游创意产业的内容，增强温州旅游的吸引力。温州的旅游节庆活动，正是在市政府的推动力下得到了蓬勃发展。温州每年要举办的大型旅游节庆活动有“拦街福”“泰顺百家宴”“森林旅游节”“网络旅游节”等，如表 8-1 所示。

表 8-1　温州旅游节事分布

旅游节庆名称	举办时间	举办地点	主要内容
拦街福	2 月下旬至 3 月上旬	特色街道	新年祈福、民俗表演（米塑、捏糖人、剪纸等）、非遗文化展示、品尝美食
元宵灯会	正月十五前一周	会展中心	赏花灯、看瓯剧、猜灯谜、讨彩头
泰顺百家宴	正月十五	雅阳、罗阳等	民俗表演、祈福、闹元宵、吃百家筵席
三月三畲族风情旅游节	4 月	泰顺	展示畲族文化、观看畲族歌舞表演、品美食
森林旅游节	5 月中旬	各县巡回	乡土文化展示、实景演艺、旅游推介
洞头“渔家乐”民俗风情活动	4 月底	洞头	渔家歌舞表演、祭祀妈祖、品尝美食
网络旅游节	不定期	温州市区	旅游推介、智慧旅游产品展会
杨梅节	6 月	龙湾、瑞安等	品杨梅、斗杨梅、品美食
文成刘基文化暨生态旅游节	7 月	刘基故里	刘基文化展、民俗表演、品尝美食
雁荡山夫妻节	11—12 月	雁荡山景区	文化论坛、集体婚礼、婚纱摄影

从时间分配来看，温州旅游节事一年四季合理分布，节日氛围浓郁。但是精品旅游节事不多、旅游节事影响力辐射不够广、旅游推介性质较多、缺乏策划人才，这些是目前温州旅游节庆存在的一些问题。上述表格中大多节事活动的主要内容中有品尝美食。“食”是旅游的必要元素，加之“民以食为天”的本能需要，两者融合有其必然性。因此，应突出每次旅游节庆的美食特色，紧扣瓯菜文化，精心策划瓯菜的亮点和卖点，提高瓯菜的知名度。围绕瓯菜资源开发，政府引导举办了类似“国际美食旅游节”等系列美食品牌节会；“世界、中国烹饪大赛”“世界美食文化研讨会”“世界人瓯菜烹饪大赛”“瓯菜美食文化节”“海产品订购会”“温州特色海鲜交易会”等活动的级别高、影响力大、带动作用大、辐射目的地广，带动旅游业的发展，增加城市的创意和旅游氛围；不断加强与国际美食文化交流合作，与瑞典厄斯特松德、哥伦比亚波帕扬、韩国全州等创意城市、美食之都开展了丰富的国际交流合作活动，促进美食文化的多样性。

五、文化旅游演艺模式——技术＋市场

旅游演艺是伴随主题公园的演艺活动而发展形成的旅游产品或表现形式。其典型代表是“印象派”实景演艺，在融合模式上属于文化产业向旅游产业渗透融合。

在温州，两大产业将各自的优势技术进行整合，将两大产业的技术标准逐步统一起来，利用现代科技将文化元素和旅游元素融入开发项目中。温州的商文化、南戏文化、鼓词文化、瓯剧文化等需要进行技术突破，利用现代化声光电高科技舞美灯光手段，从视觉、听觉、感官等多方位展现瓯文化精髓。

文化旅游演艺模式在融合路径上属于技术与市场的融合。具体来讲，主要是指文化和旅游两大类型企业采用特定的表现手法、制作手段以及虚拟现实技术，以知名旅游景区或景点为依托，将文化元素渗透到传统旅游产品和旅游产业当中，形成“你中有我，我中有你”的产业融合状态。

第九章

瓯菜文化旅游融合开发策略研究

对温州文化旅游而言，温州可挖掘的文化旅游资源有很多，瓯菜文化旅游资源则是比较微观的文化旅游资源，其地位和作用附着在温州整体文化旅游资源上，但又是具有非常独特、垄断性、不可复制的资源，其强大的号召力和旅游消费带动性，是其他文化旅游资源所不可比拟的。瓯菜文化旅游资源的整体吸引力绝不是来自某个菜品、某家菜馆、某个文化产业园、某项活动的吸引力，而是来自于瓯菜深层次的某种价值。这种价值是瓯菜文化的根基、文化底蕴和文化精神，是瓯菜文化旅游的核心魅力，构成了瓯菜文化旅游的根本价值。

第一节　提炼瓯菜文化旅游核心价值

探寻瓯菜文化旅游的核心价值注定是一项非常艰巨的任务，费力且难以得到公认理想结果，犹如追求真理的过程一样，想从中梳理出一个清晰的、公认的价值基点，几乎不可能，结果可能被否定，被鄙视、被唾弃。但不管如何，这个问题必须要研究。因为它关系到瓯菜文化旅游发展的主线和灵魂，是文化旅游的主体性的体现，关系到温州文化身份，统领着任何具体的思路和举措。它决定着展示什么样的瓯菜给海内外旅游者的根本问题，具体展示什么、表达什么、怎样展示、怎样表达等问题。没有核心价值，任何的规划、任何发展模式都是没有灵魂的躯体，瓯菜文化旅游也将很难找到正确的方向。

一、瓯菜文化旅游核心价值分析

瓯菜文化旅游的核心价值依托于温州城市根本价值，对这一问题的探讨要回归温州城市的发展历程。社会上绝大多数人对温州缺乏深度认识，认为温州是一座缺乏文化底蕴的城市，而对它最大的感知便是温州市一座商业气息浓郁的城市，温州人会投资很有钱，温州土豪很多。这样的认知不全面，有失偏颇。笼统地讲：首先，温州历史悠久，有着2000余年的建城历史，是一座历史文化名城。其次，温州是浙江省三大中心城市之一，是中国民营经济发展的先发地和改革开放的前沿阵地，因有“南有吴川，北有温州”之称而享誉全国。第三，温州是中国数学家的摇篮，有“东方犹太人”之称。以上三点从温州历史底蕴、温州经济发展、温州人智慧角度去简单辨析社会公众对温州“粗暴”的认知。

这种“粗暴的认知”也给了我们研究瓯菜文化旅游的核心价值的线索。我们将温州的商文化深化，将有偏见的观点进行纠正。温州向来重商，“永嘉学派”最早提出“事功”思想，反对空谈义理，讲究实效，主张义利并举，“既无功利，则道义乃无用之虚语耳”，表示应“以利和义”，而不是“以义抑利”。这一思想塑造和强化了温州这一地方的民间心理和区域文化传统。[①] 由此可见，“永嘉学派”孕育着独特商业性格，后来的不少社会改革家一直延续“经世致用”精神，成为温州的真实写照。另外，“商人集群”，商人在区域内大量集聚，重商文化氛围非常浓郁，对商业活动有巨大的促进作用。在温州，如果一个人有了一种新思想，就能为别人所采纳，并与别人的意见结合起来，成为更新的思想之源泉。集群的另一个原因就是温州区域资源匮乏，需要到外地获取资源。在外经商，地理认同和文化认同感促进了温州人抱团，通过抱团降低了人格化交易的成本。这在市场制度不健全的社会中是一种最有效率的交易方式。因此，温州的商文化一度成为全世界学习膜拜的文化。这种影响力，使温州至今没有一种文化可取代，也正是这样的文化渗透到了温州其他文化体中去。在本书第三章中有阐述瓯菜文化体现了温州人务实、创新、勤劳、敢闯的精神。温州的“商”个性轮廓明显区别于其他

---

① 吴建民：《对温州区域商业文化的几点认识》，http://wzrb.66wz.comhtml2009-03/09/content_436007.htm。

城市。

从温州自身城市发展历程中的文化精髓和文化支撑来看，其精神品格、气质韵味、个性魅力，甚至是不足和缺陷，仍是以“商文化”为主轴线和核心价值的延续和发展。因此，温州“商文化”的根本价值似乎能比较清晰和明确地被表达出来。早年被推崇的温州模式的形成与发展离不开关系密切的永嘉学派，离不开“温州商文化”。[①] 张雪敏教授认为可以用温州商文化“智行商道温州人，文化生态温州城”来诠释温州城市形象，建立温州活的文化地标。[②] 这些认识与探索都试图揭示温州城市的独特性与典型价值。

瓯菜发展将瓯菜文化与温州商文化进行捆绑，从中解析温州商思维、商帮、商道、商精神等内涵，“品瓯菜——寻商、识商、学商，共筑温州商道”的价值判断基本清晰。建设“瓯菜与商”的文化地标是对某个地方、某些景区、项目、文化的分析都难以达到的根本价值。

二、瓯菜文化旅游形象口号设计

从本质上说，瓯菜文化旅游形象的塑造是一种产业的符号化过程，需要精心编码，将多元复杂的意义浓缩为对潜在的旅游者来说最具旅游价值的主题。[③] 形象口号创意设计是一项复杂的系统工程。就目标指向而言，其不仅仅着眼于市场营销，更要着眼于引导旅游者对旅游地价值与意义的认同和体验，需要通过旅游形象这个载体和途径形成一种“从本土的文化资源开拓出国际交流空间中的生命情感的表述方式和价值判断”。瓯菜文化旅游的形象载体便是“中国美食城市”，“瓯菜品商文化”便是其生命情感的表达——这一核心价值的外在形式。温州的旅游口号无论是从“诗画江南，活力山水”到“时尚之都，山水温州”，还是从“诗画江南，山水温州”到“山水温州，动感之都”都没有离开温州山水资源的导向。以游客体验为导向的形象口号策划，更具有亲和力，是一种更有优势的创意模式。以新西兰旅游形象

---

① 张苗荧：《温州文化双重品格对温州模式的影响》，《商业时代》2003 年第 13 期，第 10—11 页。

② 孟建、董军：《软实力视域中的城市形象塑造与传播》，《现代传播》2011 年第 8 期，第 126—128 页。

③ 周宪：《现代性与视觉文化中的旅游凝视》，《天津社会科学》2008 年第 1 期，第 111—118 页。

口号为例，1999 年其以“100%纯净的新西兰”作为推广营销的口号，得到了广泛认可。2011 年开始，新西兰使用了“100%纯净的你”的宣传口号，把原来突出新西兰的自然资源特色与价值、宣传目的地绚丽风光的重心，调整为强调原汁原味且与众不同的旅游体验，将游客的独特精力至于宣传的核心[①]。这一举措使得新西兰在国家品牌排行榜上跃居世界第三。山东省旅游形象口号从“一山一水一圣人”到“齐鲁神韵，山水豪情”，再到“好客山东”的演变过程，充分反映了游客体验导向的形象口号，越来越突出游客的体验价值。瓯菜文化旅游形象口号，也可以从这思路进行定位，如“寻商、识商、学商、品瓯菜”。旅游形象要不断地适应当下新的需要而产生出新的意义或形态，如“品温商、品瓯菜、品时尚”。

第二节　设计瓯菜文化旅游空间格局

文化旅游活动紧紧依托于文化旅游空间的营造及其结构。瓯菜文化旅游功能与价值需要通过相应的瓯菜文化空间和人们的生活空间组合格局来实现。瓯菜文化旅游空间组织关系及其构成模式，不仅关系着旅游资源整合、文化旅游产业发展、旅游行为引导、旅游价值表达，还关系着城市地点意义、场所精神、城市文化内涵及韵味的形成与再构建。

目前，温州只有瓯菜企业空间上的排列，瓯菜文化旅游空间格局尚未形成。为了避免瓯菜文化旅游留给旅游者一种零散化、碎片化、浅层化、片面化的旅游体验和旅游印象，设计科学合理的瓯菜文化旅游空间格局，明确各发展主体在各适当的空间上发展，有助于瓯菜资源开发的整体感，突显瓯菜文化旅游目的地形象，提升瓯菜文化旅游整体竞争力。

一、瓯菜文化旅游空间格局雏形

从温州当前餐饮业发展来看，瓯菜及文化在空间上谈不上布局，而只是一种餐饮企业通过自发性的市场行为而形成的简单排列，格局单一，规模小，特色少，空间上流动较大，有些企业盲目跟风，每三五年就出现规模的更

---

① 吕嘉：《新西兰旅游局启用“100%纯净的你”全新营销口号》，http://news.hq-cyw.cn/news-35607.htm，2011-01-11/2014.12.10。

迭和转移。目前，三五年内瓯菜基本格局是：五马街—府前街一带，聚集了温州小吃的老字号；朔门街—望江路一带聚集着一批较高端的酒店，但随着温州经济形势下滑，高档酒店相继关门歇业，只剩一两家形单影只；南塘街一带，南塘印象公园建成后，中端瓯菜馆在此聚集，并形成了热闹的消费气候；散落温州的各大文化产业园：东瓯智库、智慧谷等一批大众消费餐饮聚集；星级酒店主打温州婚宴市场，散布在整个温州市区，形成温州婚宴消费规格高、档次高、排场大的局面；大排档、农家乐不规则零星布点。这是由于瓯菜文化旅游产业无战略发展意识下的排列。

当前，温州市政府着力打造和发展传统餐饮业，如若在瓯菜文化旅游产业化发展下，餐饮业的空间布局就会影响瓯菜文化空间的营造与生产，文化旅游活动既是对城市文化空间的利用，同时其发展过程也在塑造、改变着城市文化空间，甚至产生新的文化空间。因此，对瓯菜文化旅游空间格局进行设计，既是瓯菜文化旅游发展的重要支撑，又是温州城市文化空间格局优化的重要内容。

二、瓯菜文化旅游空间格局设计

（一）瓯菜文化旅游空间设计思路

1. 充分尊重各县市区餐饮产业发展特征

从温州十一个县市区本身的地理位置决定的餐饮业发展特征来看，温州瓯菜文化旅游的空间布局要充分尊重当前已有的发展特征与规律，将旅游活动规律跟地理位置紧密地结合在一起。以温州三区为瓯菜文化中心发展核；以瑞安市、平阳、苍南为“海鲜＋农家乐”板块；以雁楠公路连接的楠溪江、雁荡山两大景区的永嘉和乐清为“旅游餐饮”板块；以泰顺、文成两县为“山珍风味”板块；以洞头县为“海鲜量贩”板块。

2. 明确瓯菜文化旅游空间布局的目标

瓯菜文化资源的整合激活。着重进行瓯菜文化旅游空间布局的主要目的是更为全面地整合和激活瓯菜文化资源和瓯菜旅游资源及相关资源的价值，为形成整体瓯菜文化旅游功能提供坚实支撑。

整体功能丰富提升。空间布局的设计在于通过系统化设计，丰富、提升、突显、传递瓯菜文化旅游的整体功能，改善总体形象。

综合效益的拓展提高。空间格局的调整必定关系到文化旅游产业的聚集与扩散，关系到城市文化空间的发展和提升。拓展旅游业的服务范围，提高瓯菜文化旅游综合效益是空间格局设计的重要意义。

价值主线的贯穿体现。零散的、行政区划的不同空间唯有通过瓯菜文化旅游价值主线的贯穿，才能形成有机的文化旅游功能区域。

旅游容量的合理调控。空间设计的目的也是为了改善瓯菜文化旅游单极化突出、游客流过分集中的现象，避免出现“热”的区域很热，“冷”的区域过冷，在有所重点发展的同时，从整体上均衡区域间发展。

3.明确瓯菜文化旅游空间布局的思路

基于区域间城镇建设、交通情况、旅游消费需要、旅游行为规律等因素不同，以交通道路体系通达、区域瓯菜及文化互补、旅游消费者选择多样等为布局思路，根据价值主线统领原则、主题功能突出原则、功能协调统筹原则、旅游活动规律原则，设计两个层次瓯菜布局。第一层次，宏观层次：一核四板块。以温州三区为主发展核，以八个县市形成四大板块，如图 9-1 所示。第二层次，微观层次：一体、一园、三四空间。城区主发展核由一个文化旅游综合体、一个重点文化产业园、四大商圈、四大传统街区、四大购物综合体为瓯菜整体空间布局，如图 9-2 所示。

(二)瓯菜文化旅游空间格局设计

1.第一层次格局设计

“一核”：以温州鹿城、瓯海、龙湾三区为主发展核，这块空间内即有以五马街为中心的传统饮食文化与商业文化，也有南塘街休闲文化瓯菜消费环境；既有各种文化产业园，又有各大购物中心美食消费区；既有东方时尚岛，又有传统商业街区。涵盖了温州饮食从传统到现代的不同侧面，突显了瓯菜文化旅游的经典性、特殊性，能展现出瓯菜文化旅游的内涵与价值。

“四板块”：以瑞安市、平阳县、苍南县为“海鲜＋农家乐”板块；以雁楠公路连接的楠溪江、雁荡山两大景区的永嘉和乐清为“旅游餐饮”板块；以泰顺、文成两县为“山珍风味”板块；以洞头县为“海鲜量贩”板块。

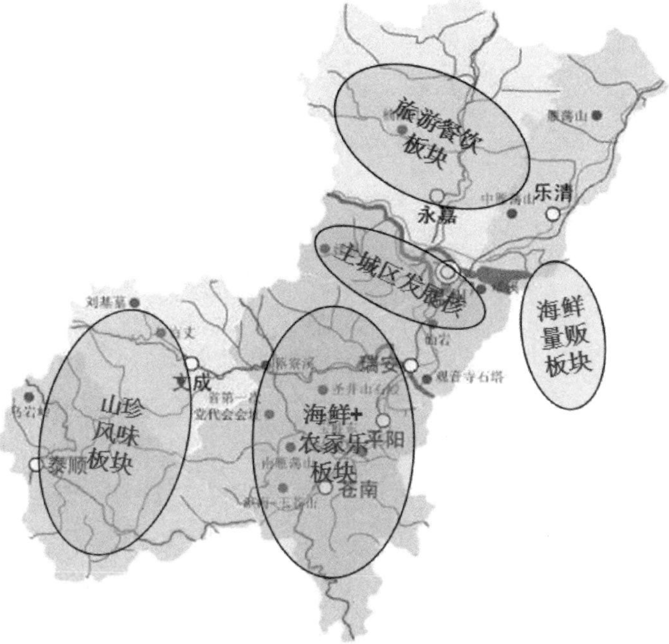

图 9-1　瓯菜文化旅游第一层次空间布局

"海鲜＋农家乐"板块：瑞安市不仅是一座历史文化名城，也是一座瓯菜烹饪王国。早在 2007 年瑞安已获得的"中国瓯菜名城"金质名片，由于地域发展限制，一直无法超越温州主城区。瑞安市、平阳县、苍南县地处沿海，海岸线较长，海鲜产品非常丰富，仅次于洞头县。这三地海鲜菜品烹饪传统略微有别于主城区，配料独特，海鲜原汁原味。另外，这三地的农家乐发展快速，品质高。

"旅游餐饮"板块："桂林山水甲天下，温州山水甲江南"，雁荡山的山、楠溪江的水是温州旅游的金字招牌，是吸引旅游者人数最多的两大景区。2013 年雁楠公路建成，贯通了雁荡山和楠溪江两大景区，成了两地的"黄金线"，实现永嘉、乐清"山海"经济联动发展，"游山吃海鲜，游水吃山珍"的特色美食组合，促成原有农家乐转型。为这两地提供优质的旅游餐饮，对促进瓯菜文化旅游有着非常重要的意义。

"山珍风味"板块：瓯菜的内涵以海鲜菜为主体，还包括泰顺、文成、永嘉的山珍风味、民俗餐饮和农家乐餐饮。文成、泰顺位于温州市西南方，地处山区，工业少，海拔高，污染少，山珍野味符合现代人餐饮追求的天然、安全、绿色、生态精神需要。近年来，受到城市居民的追捧。

“海鲜量贩”板块：洞头是浙江省第二大渔场，海产品非常丰富，是主城区海鲜供应的主要区块。洞头随着瓯江口新区“东方时尚岛”建设成功，将其打造为最新鲜海鲜量贩的高端餐饮，有着巨大的市场潜质。

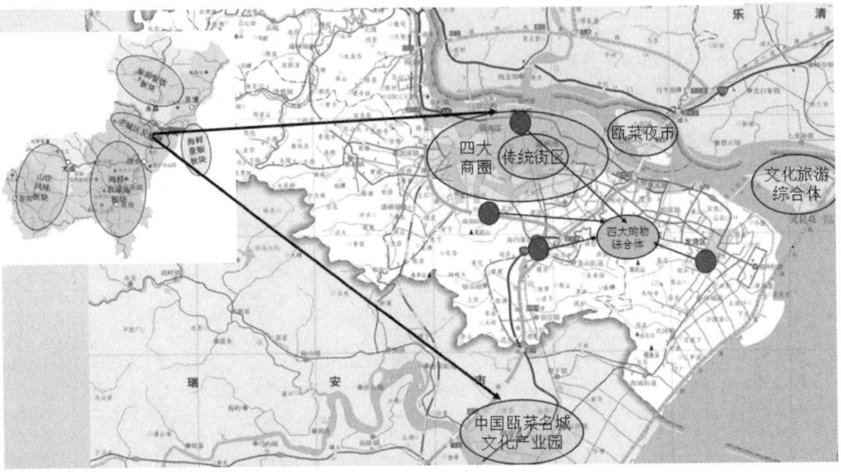

图 9-2　瓯菜文化旅游第二层次空间布局

2. 第二层次格局设计

东方时尚岛“文化旅游综合体”：瓯江口新区规划为高端休闲旅游区，时尚产业定位区。根据温州当前时尚之都建设的需要，将“文化旅游综合体”布局在瓯江口新区，助力“时尚之都”建设，在“文化旅游综合体”中附着高端餐饮消费功能区。瓯菜文化在此定位、生根发展对瓯菜文化，也能旅游产业发展起到巨大的作用，同样，在新区发展瓯菜文化旅游推动温州文化、经济、社会、环境多维整合，以此实现文化与旅游产业发展的融合一体化。

将中国瓯菜名城文化产业园布局在瑞安市，原因有：一，瑞安有“中国瓯菜名城”金字招牌，将中国瓯菜名城文化产业园规划在瑞安名归实处；二，瑞安“退二进三”土地空间巨大，满足综合型文化产业园建设需要。产业园以瓯菜文化为主线，下设瓯菜博物馆、瓯菜主题公园、瓯菜文化研究中心、瓯菜非遗技术传承中心、瓯菜演艺中心、特商业街、主题酒店群等功能区。力争将中国瓯菜名城文化产业园打造为一座 5A 级景区的美食之城。

四大商圈:随着互联网发展,传统商圈功能衰退,逐步走向没落。为了适应新时期经济发展,提振繁荣消费经济,对商圈的改造和提升已经迫在眉睫。在商圈中植入瓯菜文化旅游元素,大力培育差异化产品不失为一项有效策略。

对温州市区传统商业街区进行初步梳理发现,相对有基础的街区约二十个,其中十一个集中在鹿城,如表 9-1 所示。一个成功的商圈是有故事、有内涵的,而故事和内涵会决定一个商圈有别于他人的特色和吸引力,从而对消费者的消费频率和规模带来影响。将有发展基础的街区进行瓯菜文化融入,其中可提升和改造的街区归纳为四大商圈,分别为五马商圈、南汇商圈、滨江商圈、大学城商圈,表 9-2 所示。

表 9-1 温州市区现有商业街区基础

市区	商业街区	主要街、路或商贸中心	特色基础
鹿城区	五马商业街区	五马商业步行街、纱帽河女人街、胜利路、解放路、铁井栏、府前街、大同巷、新国光购物广场、一百商厦	传统、运动、综合
	大南门商业街区	银泰百货、联合广场、南门闻宅巷步行街、荷花路、小南路、莲花大厦	时尚购物
	人民路商业街区	人民路、黎明西路、飞霞北路、开太百货	数码电子
	江滨商业街区	望江路、瓯江路、朔门步行街、鹿城广场	咖啡酒吧美食文化
	欧洲城商圈	欧洲城购物中心、东门步行街	娱乐、美食
	新城商业街区	新城大道、东瓯智库 92	创意休闲
	南浦商业街区	划龙桥路、温迪路、春晖路、南浦路	时尚休闲
	时代广场商圈	时代广场、财富中心、体育中心、车站大道	高端+运动
	火车站商圈	鱼鳞浃、温州大道站前区域	服饰批发
	汽车服务街区	温州大道	汽车服务
	黄龙商业街区	黄龙商贸城、西城路	批发零售
龙湾区	永中商业街区	龙湾永中路商业街、罗东大街	配套商圈
	状元商业街区	横街路、龙腾路	配套商圈
	万达广场商圈	龙湾万达广场步行街	综合消费

续 表

市区	商业街区	主要街、路或商贸中心	特色基础
瓯海区	梧田商业街区	东垟路、月乐街、龙霞路	配套商圈
	将军桥商业街区	花鸟市场、振瓯路、兴海路、雪山路、过境路	配套商圈
	新桥商业街区	金蟾大道、六虹桥路	服装餐饮
	瞿溪商业街区	会龙路、河头路	配套商圈
高新区	蒲州商业街区	楠溪江路、括苍山路、汤家桥路、易初莲花	餐饮+区域配套
生态园	大学城商业街区	朝阳新街、大学城商务中心	小吃娱乐

表 9-2 改造后的瓯菜文化商圈

市区	商业街区	主要街、路或商贸中心	特色基础	商圈
鹿城区	五马商业街区	五马商业步行街、纱帽河女人街、胜利路、解放路、铁井栏、府前街、大同巷、新国光购物广场、一百商厦	美食、传统、运动、综合	五马
	大南门商业街区	银泰百货、联合广场、南门闻宅巷步行街、荷花路、小南路、莲花大厦	时尚购物	
	江滨商业街区	望江路、瓯江路、朔门步行街、鹿城广场	咖啡酒吧美食文化	滨江
	欧洲城商圈	欧洲城购物中心、东门步行街	娱乐、美食	
	新城商业街区	新城大道、东瓯智库 92	创意休闲、美食	
	南浦商业街区	划龙桥路、温迪路、春晖路、南浦路	时尚休闲、美食	南汇
	时代广场商圈	时代广场、财富中心、体育中心、车站大道	高端+运动、休闲美食	
	火车站商圈	鱼鳞浃、温州大道站前区域	服饰批发、美食	
生态园	大学城商业街区	朝阳新街、大学城商务中心	小吃、娱乐	茶山

四大传统街区：四大传统街区已经涵盖在四大商圈中，但因四大传统街区是瓯菜重要的发源地，是温州文化的集中体现区域，其重要性非常突出。这个区域集中了温州百年老店、老字号，它必将成为瓯菜文化旅游

的“地标”。

二十大城市综合体：目前温州有四大购物综合体，银泰（鹿城区）、万达广场（龙湾区）、万象城（在建，瓯海区）、大西洋百货（在建，瓯海区）。温州市到2020年将建成二十个城市综合体。二十大城市综合体大手笔的餐饮消费功能区必将是瓯菜文化旅游发展的重要载体。

四大瓯菜夜市：以夜市建设为主抓手，以谋划市区合理布局、推动业态联动发展、规范市场运作管理、挖掘瓯菜特色文化资源为主要工作，以项目推动为重要突破口，加快发展顶层设计与市场主导相结合、历史文化与现代时尚相结合、特色经营与错位发展相结合、市民消费与旅游观光相结合，构筑起业态丰富、层次多元、消费繁荣的“月光经济”市场，打造“时尚魅力夜温州”。建议在以下四个地方选址和布点：(1)历史文化区改造示范项目——江心屿（参照厦门鼓浪屿）：江心屿为中国四大孤屿之一。如果以五马商圈比作温州市的时尚心脏，那么江心屿就是温州的文化心脏。江心屿自古就有“诗之岛，世界古航标”美誉，历来被称为“瓯江蓬莱”。其内涵不亚于鼓浪屿，但旅游热度却远远不及鼓浪屿，这其中有资源和开发的深层次原因。江心屿若能借助瓯菜文化旅游开发的顺风船，必定是其提升吸引力的良好契机。(2)业态多元拓展示范项目——体育中心（大空间有效解决人流、车流）。温州体育中心坐落在温州市中心位置，处于五马商圈、滨江商圈、南汇商圈的中心点，住宅密集、人流密集，是市场空间、生活空间、体育空间、文化空间的集结地。在此处搭建瓯菜夜市能有效招徕顾客，有效解决人流、车流、夜市空间占有等问题。(3)时段性夜市示范项目——七都岛富人区瓯菜夜市。七都岛目前的规划定位是温州市的高档住宅区，是温州新区，其住宅空间密度不如体育中心，但居民消费能力强，消费层次高，可发展高端瓯菜夜市。(4)夜间旅游示范项目——温州古城水上夜游（移动夜市）。温州夜游项目明珠七号，是温州旅游开发项目中一个失败的案例，一直处于亏损状态。究其原因，主要为：产品单一、资源吸引力差、资源缺乏有效整合。改原有模式为“餐饮＋观光＋娱乐＋演艺＋休闲”模式，集品瓯菜，看瓯江夜色，观瓯越风情的参与性、体验性的多功能融合独特地域文化展现的产品，打造独具特色的移动夜市，估计在全国尚属首例。

第三节 瓯菜文化旅游产业项目规划

一、三大引擎项目

(一)时尚瓯菜消费体验第一区——文化旅游综合体

《中共温州市委关于发展时尚产业建设时尚之都的决定》中明确指出将瓯江口新区打造为"东方时尚岛",综合发展集各种高端功能为一体的都市时尚集聚区,使其成为引领温州时尚之都建设的新龙头和发展极。文化旅游综合体建设,符合瓯江口新区高端休闲旅游的定位,同时,大型综合体建设本身是当下流行的时尚行为。文化旅游综合体——"时尚新天地",充分发挥温州商文化为文化引领,融合其他文化共同发展和提升人民群众精神文明建设。文化旅游综合体汇聚研发、设计、生产、销售、会展、旅游等功能和业态,使其成为制造、服务、消费、体验时尚的重要平台。促进商文化和瓯菜文化融合,使得文化旅游综合体成为瓯菜及文化创新"智造"主阵地,促成时尚瓯菜发展、瓯菜时尚发布、打造时尚瓯菜消费体验第一区,构筑错位互补、有机协调的多层次时尚功能体系。

(二)瓯菜文化旅游新地标——中国瓯菜名城文化产业园

《瑞安市国民经济和社会发展第十二个五年规划纲要》指出,瑞安按照"大手笔规划、大规模投资、大力度落实"的项目推进要求,组织实施"十大百项千亿"投资计划,抓好文化提升成为十大类重大项目工程之一。在如此好的政策和瑞安市区位的支撑下,打造一座5A级瓯菜文化产业园的温州市"中国瓯菜名城"景区,具有非常好的基础和科学可行性。届时,"中国瓯菜名城"借助瓯菜文化,融合休闲文化、购物文化、民俗文化等多元文化并存,构成独具特色的瓯菜休闲文化。产业园以瓯菜文化为主线,下设瓯菜博物馆、瓯菜主题公园、瓯菜文化研究中心、瓯菜非遗技术传承中心、瓯菜演艺中心、特商业街、主题酒店群等功能区。将"中国瓯菜名城"塑造成为温州文化新标志、全球瓯菜文化休闲目的地,成为带动瓯菜文化旅游参与世界竞争的最大动力引擎。

瓯菜博物馆——一般的博物馆往往只做静态文化展示,其吸引力有限。赋予博物馆静态文化展示和活态制作过程以展示双重功能,使旅游者满足文化需求的同时，还能参与文化体验，功能得到外延。博物馆因自身文化加上活动策划产生创意空间，这是文化空间的融合。博物馆使得旅游产品的文化功能得以凸显，同时又是文化产业消费功能发挥的途径。

瓯菜主题公园——环绕瓯菜蔬果种植和水产品养殖的主题而建立的人造公园，再配合不同的人工设计景观和设施，让游客体验到主题文化，发挥集观光、农事体验、种养殖科技教育等功能为一体的公园。

瓯菜文化研究中心——鼓励支持餐饮企业、专业院校和行业协会，成立瓯菜文化研究机构，加强对瓯菜文化、瓯菜标准、瓯菜名录、瓯菜创新等内容的收集整理和研究，发掘温州饮食文化和人文内涵。

瓯菜非遗技术传承中心——加强对瓯菜非遗文化的保护，大力支持瓯菜申遗；编写出版《中国温州瓯菜》，组织新瓯菜菜品编入《中国浙江——乡土菜谱》，提高瓯菜文化的品位等。

瓯菜演艺中心——运用现代科技进行烹饪表演、地方特色戏剧瓯剧、南戏的表演活动，展现独特的瓯菜文化元素和奇致的感观体验，增加与旅游者的互动，为旅游产品增加附加值。

特商业街——文化休闲需求模式下，购物和消费将是促成经济转型的另一大渠道。在文化产业园区内打造特色商业街，包括海产品购物街、美食夜市街、婚宴酒店特色街、瓯菜创意自制体验街等，能满足旅游者和本地居民生活的共同需求。

(三)温州瓯菜体验最佳示范区——瓯菜夜市

夜晚外出就餐、休闲与聚会能促进消费，有效拉动经济增长，但温州夜市总体上规模小、夜晚活动内容枯燥，餐饮企业聚集度有限，不能对旅游者构成强大的吸引力。四大夜市布点，从无到有，打造高端、上档次、构筑起业态丰富、层次多元、消费繁荣的“月光经济”市场，打造“时尚魅力夜温州”。

二、八大特色产品

从温州瓯菜文化旅游资源基础、文化旅游发展潜力与基础、旅游市场消费倾向等角度考虑，瓯菜文化旅游产品应该包括下面内容：

(1)舌尖上的瓯菜美食旅游产品，形成完整的瓯菜概念和形象。

(2)传统瓯菜文化旅游产品，包括瓯菜博物馆奇妙夜之旅、瓯菜非物质文化遗产之旅等。

(3)瓯菜烹饪修学旅游,充分利用发挥瓯菜烹饪技艺传承中心和各大瓯菜馆阳光厨房的功能。

(4)瓯菜自制体验旅游,充分利用中国瓯菜名城、各大文化产业园等,通过“厨房出租”形式,游客自己动手制作瓯菜。

(5)时尚瓯菜美食旅游,利用文化旅游综合体做瓯菜时尚发布、时尚消费等。

(6)泰顺百家宴民俗祈福旅游,利用泰顺山区山珍美味展示瓯菜山珍之魅力。

(7)世界瓯菜馆回归寻根之旅,整合世界瓯菜大师、博物馆、各地温州商会等资源,走访瓯菜企业等。

(8)瓯菜文化演艺旅游,利用灯光、激光、音乐、高科技、传媒、名人等元素,进行瓯菜现场制作的大型娱乐文化节目。

三、八大代表性线路

(1)“瓯菜博物馆的奇妙夜,探访瓯菜文化”——瓯菜博物馆之旅:主要包括瓯菜博物馆、瓯菜非物质文化遗产技术中心等。

(2)“瓯菜时尚达人,寻找舌尖上的瓯菜”——瓯菜美食之旅:主要包括文化旅游综合体、传统街区的老字号、百年老店等。

(3)“我的瓯菜厨房我做主”——瓯菜购物、自制体验之旅:主要包括文化产业园简单学艺、中国瓯菜名城购物、自制体验等。

(4)“我们结婚吧,来一场温州人的瓯菜婚宴”——温州婚宴之旅:主要包括中国瓯菜名城、婚宴民俗博物馆、婚礼特色街等。

(5)“吃百家宴,为新年祈福”——瓯菜民俗之旅:主要包括泰顺、文成的知名景区等。

(6)“美食达人必修课,跟我学做瓯菜”——瓯菜烹饪修学之旅:瓯菜美食学校、博物馆、瓯菜烹饪技艺技能传承中心等。

(7)“中国菜——瓯菜根”——寻根之旅:主要包括特色瓯菜餐饮企业、瓯菜博物馆、瓯菜烹饪技艺传承中心等。

(8)“奔跑吧,瓯菜”——瓯菜现场演艺之旅:主要包括江心屿、市区传统特色街区、文化旅游综合体等。

四、五大节事品牌

重点精心打造一批代表温州瓯菜，反映瓯菜独特烹饪养生理念、体现温州商文化旅游节事活动，将瓯菜打造成为中国美食节庆旅游的重地。主要有“世界、中国瓯菜烹饪大赛”“世界美食文化研讨会”“瓯菜美食文化节”“温州特色海鲜交易会”“瓯菜大胃王比赛”等级别高、影响力大、巨大带动作用、能辐射目的地、带动旅游业的发展、增加城市的创意和旅游氛围的重大节庆活动。与此同时，这些节庆旅游活动还肩负着提升品质、扩大影响、推广品牌、增加效益的重大任务。

“世界、中国瓯菜烹饪大赛”：邀请世界各地的瓯菜厨师，带着最拿手的技术，来瓯菜之都温州参加比赛。烹饪大赛既是烹饪技术的比赛，又是吸引旅游者参与评价、评分、试吃的双重功能大型赛事，其举办的主要目的在于弘扬瓯菜文化，提升瓯菜影响力，吸引旅游者进入温州，带动消费，促进经济升级。

“世界美食文化研讨会”：邀请饮食文化研究者、餐饮企业家、美食家等开展美食文化研讨会、瓯菜美食塑造讨论会、瓯菜企业连锁经营研讨会等，促进先进文化交流，促进瓯菜及文化升级。

“瓯菜美食文化节”：每个季度举办瓯菜美食文化节，游客参与评选“我心目中最好吃的瓯菜”等活动，推进瓯菜名菜体系完善，又提升瓯菜的知名度。

“温州特色海鲜交易会”：温州海鲜物产丰富，特色的海鲜商品、礼品、旅游纪念品、海鲜年货等定时交易。

“瓯菜大胃王比赛”：邀请世界各地的美食爱好者参加“大胃王”比赛，丰富瓯菜体验活动，通过举办各类活动，迅速提升瓯菜知名度和影响力。

第四节 完善瓯菜文化旅游服务体系

旅游服务体系是旅游活动顺利开展的重要支撑和保障，是传递旅游价值、形成旅游体验的重要内容与载体，能直接反映旅游服务功能的高低，是构成旅游吸引力和竞争力的重要组成部分。在温州市整体旅游服务体系完善的基础上，针对瓯菜文化旅游需要进一步完善和优化瓯菜文化旅游服务关键性的环节。

一、瓯菜文化旅游服务体系建设目标

瓯菜文化旅游服务体系既依托于温州旅游服务体系，同时又有着自身的鲜明特征。由于瓯菜文化旅游活动内容、消费群体等跟普通旅游活动有很多不同，所以它比一般旅游服务领域更加重视体验性、人性化、情感化等要求。

瓯菜文化旅游服务体系建设目标应该在于成功塑造温州旅游服务品牌，使之成为温州旅游发展的有力支撑和保障，通过服务进一步提升文化旅游者的顾客价值，满足并超越旅游者的旅游服务需求。

第一，突出美食旅游服务体验性主旨。围绕美食旅游者来温旅游各个方面的旅游服务需求，尤其是对于来自寻求美食文化差异的地区旅游者。在整个瓯菜文化旅游服务的各个环节，要始终突出体验性主旨，包括“吃”的体验、“做”的体验、“教育”的体验、“旅游”的体验等，满足旅游过程中及时有效解决，体验环节设计严密、科学、有创意，增强体验效果获取。这一切要依靠幕后团队策划。第二，旅游过程中，旅游者的主体地位还未充分被尊重和认知。整个服务环节要始终突出以人为本的人性化服务宗旨，充分保障文化旅游者利益，在服务态度和服务效率上有待加强和改善。第三，体现文化旅游服务的情感化需要。文化旅游活动中，情感沟通特别受旅游者重视，尤其是对文化的理解仁者见仁，需要人与人直接交流才能得以实现。企业服务对展现热情友善、积极沟通有专门要求。

二、深入研究来温旅游者对旅游服务体系的期望

根据中国旅游研究院发布的2014年度第四季度“全国游客满意度调研报告”，在全国样本60个城市中显示，温州的游客满意度环比上升了10位。[①] 温州旅游全国游客满意度通常较低，曾经一度在抽样样本中垫底。游客满意度评价体系的要素来看，除了旅游景观之外，环境氛围（空气质量、整洁卫生、城市风貌）、餐饮（特色、价格、卫生、方便程度）、旅游商品（地方特色、价格、丰富程度、市场秩序）、住宿（服务、方便、价格）、娱乐（特色、丰富、

① 陈培培、魏一晓：《温州游客满意度环比上升10位究竟是如何做到的?》，http://news.66wz.com/system—02/03/104348704.shtml，2015-02-03/2015-04-12。

价格)、交通与通讯(对外、对内)、旅游管理与服务(居民热情程度、旅游咨询、引导标识、服务态度、社会治安、公厕)等是重要内容。深入研究游客的评价和需求,温州市需全面提升旅游满意度,完善文化旅游服务体系。

三、优化瓯菜文化旅游服务体系的其他关键性环节

(一)完善瓯菜文化旅游智慧型服务体系

在网络时代、体验经济时代,旅游者对智能化旅游服务的要求日益增强。温州正在加紧智慧型城市建设的步伐,实现公共服务便捷化、城市管理精细化、产业发展现代化的目标。在此基础上,开发瓯菜文化旅游网,完善瓯菜文化旅游的咨询预订服务、旅游解说服务、信息发布服务、旅游者意见反馈及投诉服务等,实现咨询在线化、预订便捷化、解说高水准化、信息发布及时化、投诉处理专项化。

(二)建设瓯菜文化旅游标识导向系统

温州A级景区中的旅游标识比较完善,但瓯菜文化旅游的旅游景区、文化产业园、传统街区、其他文化休闲公共空间的标识需要增加数量,全面配置。对瓯菜文化旅游吸引物及场所的标识导向需要进一步细化深化系统化。标识不能只停留在道路指示的层次,而应该从旅游交通标识导向系统、旅游景区(点)标识导向系统和旅游服务场所内部标识导向系统三个层面综合设计,完善形象识别标识、信息标识、指示导向标识和管理标识,营造一个全方位、全功能的文化旅游服务标识导向系统。① 而且要美化、优化标识,将标识设计融入旅游环境,体现瓯菜深厚文化内涵和地域文化风格,成为瓯菜文化旅游环境中的亮点。

(三)提供瓯菜文化旅游解说服务

旅游解说是旅游目的地自我表达的重要内容,是传递旅游景观价值与信息的重要渠道,是使文化内涵与底蕴外在化的必要手段。旅游解说,同时传递旅游价值,旅游解说包括旅游地图、旅游指南、导游解说。建议专门绘制一张瓯菜文化旅游地图,突出瓯菜文化旅游类吸引物及之间的组合,体现解读其背后故事的信息,融入人性化、情趣化的元素。就导游讲解而言,设

---

① 施蓓琦、陈能:《都市旅游标识导向系统标准化建设研究——以上海市为例》,《城市问题》2008年第3期,第48—52页。

计一份反应价值内涵、文化视野和学识素养的瓯菜文化旅游导游词是非常重要的。优质的导游词通过优秀的导游人员阐述，为旅游者带来更好的瓯菜及文化享受。同时，可以制作一个智能型的瓯菜文化旅游电子解说APP，旅游者到了温州便可下载，在完善信息化建设同时，提高服务水准。

(四)瓯菜文化旅游特色商品的设计与开发

旅游商品作为标识地方特色、内含情感记忆的符号，其设计、开发与生产属于典型的符号经济范畴，成为旅游价值体系传递中的“附加情感传递”因素，是完整旅游活动体验中不可或缺的一环。目前，温州旅游商品非常缺乏，很少看到能代表温州、受到游客欢迎的旅游商品。瓯菜文化旅游商品中，可能食品产品算是比较突出的，比如鸭舌、炝蟹、熏鸡等。瓯菜旅游商品设计除了加强载体、功能、款式等自身特色设计外，还需要在价值赋予、价值转换、销售环境、销售体验、产业体系等方面做扎实细致工作，形成规模吸引力和市场品牌效应。

第五节　加强瓯菜文化旅游市场营销

“酒香还怕巷子深”“好产品还得靠吆喝”，旅游市场营销一直是旅游研究的重点，也是旅游发展中必然涉及的重点工作。瓯菜文化旅游有丰富的“核心价值”“空间布局”和“核心吸引物”的内涵支撑，具体实践中，需要从更为深入的层次构建着手，加强市场营销的广度和深度。首先，需要构建多种元素组成的“多维度的市场营销体系”，使得市场营销体系的构建和实施，不是简单的抽象概念，而是立体丰富的体系化实体；其次，需要推进“网络化的市场营销体系”，使得市场营销体系的最终落地，产生影响力，不是简单的渠道推进，而是全面现代化、网络化、多元化的立体推广。

一、构建瓯菜文化旅游多维度市场营销体系

瓯菜文化旅游市场营销，既需要构建“形象营销”“吸引物营销”和“人员营销”组成的纵向多维度市场营销，也需要构建“瓯菜博物馆”“旅游综合体”“文化产业园”的横向多维度市场营销。

(一)纵向多维度市场营销

第一，“形象营销”依然是市场营销体系的基础。经过变革后的温州，形

成了浓郁“商文化”的独特气质。在“后温州模式”时代，赋予温州“商文化”更多内涵，成为其“形象营销”的基石。第二，“吸引物营销”将成为市场营销的具体表现特征。瓯菜文化资源和瓯菜旅游资源，将成为温州具有代表性的形象表现和内涵。第三，“人员营销”更需要成为温州文化旅游市场营销中不能缺少的部分。温州市民、旅游从业人员、旅游者，通过网络信息、社交平台，对旅游愿望的表达、期待、反馈、参与意愿等构成了营销部分。

(二)横向多维度市场营销

在瓯菜文化旅游市场营销中，有众多的营销主体。本节重点讨论瓯菜博物馆、旅游综合体、文化产业园三方面市场营销。第一，根据游客特征与需求分类，细分客户，精准营销；静态菜品欣赏难以满足文化旅游的需求，增加互动性和娱乐性，使得博物馆更加亲民、受欢迎。第二，联合瓯菜文化产业园、瓯菜餐饮企业、博物馆等企业、景区，进行大规模的联合营销，形成规模效应。第三，加强专题宣传。文化旅游在我国属于新兴的旅游方式，对于有些旅游者来说还比较陌生，为了扩大文化旅游影响力，可以安排一些专业宣传、研讨会等普及文化旅游的概念和知识，以此达到宣传的目的。

二、构建瓯菜文化旅游网络化的市场营销体系

随着移动互联网的发展和云端技术、大数据时代来临，瓯菜文化旅游如能应用得当，其发挥的作用将是无限的。第一，移动语音讲解功能普及。比如将瓯菜博物馆、文化产业园、旅游综合体与微信公众号平台合作，游客只需要关注公众号，就可以获取完整的图像信息和语音导览；瓯菜文化旅游可推出数字博物馆、文化产业园、旅游综合体。未来人们将足不出户，通过电脑浏览了解信息、展品，网络预订产品等。第二，进一步深化网络市场营销，特别是针对社交网络的市场营销，以更为多元化、虚拟化的方式，吸引更多的旅游者。社交网络是网络化时代发展的重要方向，而且以兴趣、社区等熟悉场景为标签的组合，使得使用者对于标签的黏性更高，群体化特征更为明显。针对这样的趋势，瓯菜文化旅游的市场营销，可以通过网络，特别是社交网络的深耕细作，找到文化旅游市场的潜在旅游者，并深入了解旅游者的团体特征和行为方式。并且，通过更为多元化、网络化的操作方式，比如竞拍、分享等流行度高、关注度大的方式，来促进上海文化旅游的市场营销，在影响旅游者的同时，也开发新的旅游者，形成更为良性的互动。

主要参考文献

一、外文文献

[1] Greenstein S, T Khanna. What Does Industry Convergence Mean[C]? D. Yoffie, Competing in the Age of Digital Convergence, Boston: Harvard Business School Press, 1997.

[2] Stieglitz N. Industry Dynamics and types of market convergence[R]. Paper to be presented at the DRUID Summit Conference on "Industry Dynamics of the New and Old Economy—Who is embracing whom" Copenhagen, 2002.

[3] Lei, D T. Industry Evolution and Competence Development: The Imperatives of Technological Convergence[J]. International Journal of Technology Management, 2000, 19(7—8).

[4] Bernd W, Wirt. Reconfiguration of Value Chains in Converging Media and Communications Media and Communications Market[J]. Long range planning, 2001(34).

[5] Pennings, J M, and P Puranam. Macket Convergence and Firm Strategy: New Directions for Theory and Research[M]. ECLS Conference, The Future of Innovation Studies, Eindhoven, The Netherlands, 2001.

[6] Hackler, K, E Jopling. Technology Convergence Driving Business Model Collision[M]. Teleconference Presentation March 25, Report, Gartner Group, 2003.

[7] Hackli F, C Marxt, and F Fahrni. "An Evolutionary Perspective on

Convergence: Inducing a Stage Model of Inter-industry Innovation[J]. International Journal of Technology Management, 2010, 49(1/2/3).

二、中文文献

(一)期刊文献

[1] 金准,庄志民.区域旅游可持续力分析的修正方案——以安徽龙岗古镇为例[J].旅游学刊,2004(5).

[2] 国际统计信息中心课题组.国外关于文化产业统计的界定[J].中国统计,2004(1).

[3] 周振华.信息化进程中的产业融合研究[J].经济学动态,2002(6).

[4] 蒋英志.中国八大菜系及第九菜系[J].文化天地,2013(5).

[5] 练红宇,刘婕.川菜的特色发展与对外融合研究[J].成都大学学报:社科版,2010(4).

[6] 赵岚.低碳生活与川菜发展新模式研究[J].中华文化论坛,2011(6).

[7] 张茜.成都川菜文化的特点与例证[J].文史杂志,2012(5).

[8] 杜莉,张茜.川菜的历史演变与非物质文化遗产保护发展[J].农业考古,2014(4).

[9] 王娜.从饮食习俗透视淮安人的文化性格[J].黑龙江史志,2010(13).

[10] 张磊.基于旅游需求的饮食文化资源开发——以淮安为例[J].四川烹饪高等专科学校学报,2010(1).

[11] 侯兵.文化传承视阈下淮扬菜连锁经营的路径分析[J].扬州大学烹饪学报,2011(3).

[12] 侯兵,朱敏.淮扬饮食文化景观谱系的构建及其旅游开发价值[J].扬州大学烹饪学报,2013(4).

[13] 王传荣.校企合作弘扬淮扬菜产业的探索和研究——以江苏食品职业技术学院为例[J].哈尔滨职业技术学院学报,2013(5).

[14] 孟英伟.淮安饮食文化与区域经济发展关系研究[J].区域经济,2014(2).

[15] 蔡爱国.杭帮菜来世今生[J].观察与思考,2002(2).

[16] 王勇."杭帮菜"品牌发展研究[J].职业,2010(9).

[17] 陈洁.杭帮菜式命名的文化内蕴与英译方法探析[J].湖北经济学院学

报:人文社会科学版,2013(4).
[18] 钱建伟.杭帮菜国际传播现状及其媒介发展策略[J].企业经济,2014(10).
[19]《四川省川菜产业发展规划》起草小组.《四川省川菜产业发展规划(2013—2015)》解读[J].四川烹饪高等专科学校学报,2013(4).
[20] 周睿.电子信息化趋势下的川菜产业发展[J].扬州大学烹饪学报,2010(2).
[21] 康丹.成都旅游餐饮现状与提升策略研究[J].四川师范大学,2010(5).
[22] 陈忠明.浅谈淮扬菜的发展战略[J].扬州大学烹饪学报,2000(3).
[23] 陈忠明.解读"淮扬菜集聚区"[J].扬州大学烹饪学报,2009(2).
[24] 王春.关于围绕运河旅游资源谋划扬州旅游业发展之浅见[J].经济师,2012(1).
[25] 陈燕.淮扬菜餐饮产业与淮安旅游业融合发展研究[J].才智,2013(2).
[26] 李静.非物质文化遗产资源体系旅游融合研究——以"杭帮菜"为例[J].教育研究,2013(4).
[27] 周振华:论信息化中的产业融合类型[J].上海经济研究,2004(2).
[28] 陈柳钦.产业融合的发展动因、演进方式及效应分析[J].西华大学学报(哲学社科版),2007,26(4).
[29] 张海燕,王忠云.旅游产业与文化产业融合发展研究[J].资源开发与市场,2010,26(4).
[30] 鲍洪杰,王生鹏.文化产业与旅游产业的耦合分析[J].工业技术经济,2010,29(8).
[31] 阎友兵,谭鲁飞,张颖辉.旅游产业与文化产业联动发展的战略思考[J].湖南财政经济学院学报,2011, 27(130).
[32] 付瑞红.文化产业和旅游产业融合发展的模式与路径[J].经济师,2012(9).
[33] 刘艳兰.实景演艺:文化与旅游产业融合的业态创新——以桂林阳朔《印象·刘三姐》为例[J],黑龙江对外经贸,2009(8).

[34] 张琰飞.文化产业与旅游产业耦合发展的区域差异分析——基于省际面板数据的实证研究[J].华东经济管理,2012(10).
[35] 叶国光.瓯菜厨艺[J]. 温州人,2010(1).
[36] 毛丽蓉.餐饮文化建设中的扬弃[J].金华职业技术学院学报,2003(2).
[37] 项光盈.世纪之交看温州[J] .北京:华夏出版社,1998.
[38] 曹海东.温州人在欧洲[J].经济,2005(3).
[39] 张一力.海外温州商人创业模式研究——基于32个样本的观察[J].华侨华人历史研究,2010(9).
[40] 汲寿荣,于淼. 温州瓯菜文化的传承与发展研究[J].科教文汇,2014(1).
[41] 何倩,邵家钤.瓯菜传统与时尚的变奏[J].温州瞭望,2008(13).
[42] 汪炜.上海金融业与其相关产业灰色关联度研究[J].华东经济管理,2012(4).
[43] 韩胜娟.SPSS聚类分析中数据无量纲化方法比较[J].科技广场,2008(3).
[44] 东亚斌,段志善.灰色关联度分辨系数的一种新的确定方法[J].西安建筑科技大学学报:自然科学版,2008(8).
[45] 曹诗图,沈中印,刘晗.论旅游产业和文化产业的互动与整合——以湖北省宜昌市为例[J].特区经济,2005,(10).
[46] 杜义飞,李仕明.产业价值链的创新形式[J].科学研究,2004.
[47] 麻学锋,张世兵,龙茂兴:旅游产业融合路径分析[J].经济地理,2010(4).
[48] 程晓丽,祝亚雯.安徽省旅游产业与文化产业融合发展研究[J].经济地理,2012,32(9).
[49] 宋子千.旅游业应增强产业融合的主动性[J].旅游学刊,2011,26(4).
[50] 杨春光.着力促进宁夏文化与旅游产业融合发展[J].求实.2012(1).
[51] 徐仁立.旅游产业与文化产业融合发展的思考[J].宏观经济管理,2012(1).
[52] 刘志勇,王伟年.论创意产业与旅游产业的融合发展[J].产业研究,

2008,8(4).

[53]侯建娜,杨海红,李仙德.旅游演艺产品中地域文化元素开发的思考—以《印象·刘三姐为例》[J].旅游论坛,2010(3).

[54] 张辉,黄雪莹.旅游产业融合的几个基本论断[J].旅游学刊,2011,26(4).

[55] 于雪梅.在传统与时尚的交融中打造文化创意区——以民主德国援华项目北京798厂为例[J].德国研究,2006(1).

[56] 卢睿,我国休闲旅游产业的现状与发展[J].中国商贸,2010(15).

[57] 王鹏程.台湾夜市经济的启示与借鉴[J].辽宁科技学院学报,2012(4).

[58] 李蔚.湖南美食旅游资源评价与开发[J].湖南商学院学报,2008(8).

[59] 刘艳红,袁俊.万达集团缔造文化旅游"航母"[J].城市开发,2014(9).

[60] 张苗荧.温州文化双重品格对温州模式的影响[J].商业时代,2003(13).

[61] 孟建,董军.软实力视域中的城市形象塑造与传播[J].现代传播,2011(8).

[62] 周宪.现代性与视觉文化中的旅游凝视[J].天津社会科学,2008,(1).

[63] 施蓓琦,陈能.都市旅游标识导向系统标准化建设研究——以上海市为例[J].城市问题,2008(3).

[64] 王富德,廖珂.基于旅游产品视角的文化旅游探析[J].北京第二外国语学院学报,2012(9).

[65] 丁雨莲,马大全.旅游业与现代农业融合路径实证研究——以芜湖大埔乡村世界为例[J].中国农学通报,2012(14).

[66] 张炳文,曲荣波,何磊,葛军.提高旅游产业市场竞争力的研究[J].旅游经济,2011(8).

[67] 孙青,张捷,史春云.文化旅游资源市场潜力评价模型研究[J].旅游经济,2007(2).

[68] 刘俊清.中国旅游产业融合的实现机制与路径探析[J].经济论坛,2012(11).

[69] 李美云.论旅游景点业和动漫业的产业融合与互动发展[J].旅游学

刊,2008(1).
[70] 李峰,陈太政,辛欣.旅游产业融合与旅游产业结构演化关系研究——以西安旅游产业为例[J].旅游学刊,2013(1).
[71] 单元媛,赵玉林.国外产业融合若干理论问题研究进展[J].经济评论报,2012(5).
[72] 方法林,张岳军.产业融合视角下的旅行社产业发展研究[J].改革与战略,2012(7).
[73] 张琰飞,朱海英.文化产业与旅游产业耦合发展的区域差异分析——基于省际面板数据的实证研究[J].华东经济管理,2012(10).
[74] 蔡克骄,陈勰.温州模式与温州人精神——兼谈温州人精神面向未来的变革与重构[J].温州师范学院学报,2000(1).
[75] 袁安府.从"杭帮菜"看中餐餐饮的困境与对策[J].江苏商论,2006(9).
[76] 路全忠,黄宝亮,高彩芹.东部沿海地区川菜企业发展现状初步研究[J].四川烹饪高等专科学校学报,2010(5).
[77] 朱多生.关于川菜旅游资源开发的对策研究[J].商场现代化,2008(4).
[78] 李鑫.杭帮菜发展浅析[J].商场现代化,2010(7).
[79] 韩燕平.湖南旅游业与湘菜餐饮业融合发展现状及障碍调查[J].江苏论坛,2012(8).
[80] 韩燕平.湖南省旅游业与湘菜餐饮业产业融合策略建议[J].经济研究,2012(6).
[81] 郭鲁芳,孙春华.基于产业融合视角的工业旅游发展模式研究[J].浙江工商大学学报,2011(5).
[82] 吴三忙.旅游业融合发展中政府的作用[J].旅游学刊,2011(6).
[83] 胡幸福.三十年台湾旅游研究述评[J].山西师大学报,2009(5).
[84] 吴承忠,丛琳,葛夏欢.影视产业与旅游产业融合发展的双重价值体现[J].高教研究,2010(7).
[85] 蒋晓婷.成都旅游饮食商品策划[J].经营管理者,2013(9).
[86] 周睿.关于提升成都国际"美食之都"城市形象的思考——基于设计策

略的角度[J].西部经济管理论坛,2013(2).
[87] 杨柳.试论四川饮食文化与成都美食之都的构建[J].四川教育学院学报,2011(4).
[88] 周朝霞.基于多维视角的多维度城市形象定位模式——以温州城市为例[J].学术交流,2006(7).
[89] 张苗荧.论温州文化的消极因素及其对温州经济进化影响[J].华东经济管理,2003(5).
[90] 陈麦池.基于文化创意的旅游地饮食文化资源开发机制研究[J].扬州大学烹饪学报,2012(1).
[91] 贾岷江,王鑫.近三十年国内饮食文化研究述评[J].扬州大学烹饪学报,2009(3).
[92] 吴先辉,叶丽珠.中国饮食文化研究现状及其研究方法初探[J].南宁职业技术学院,2009(5).
[93] 韩鹏.研发能力与研发效率的比较研究——以河南省大中型工业企业为例[J].资源开发与市场,2012(28).
[94] 范娇娇.饮食文化旅游产品体系构建[J].辽宁教育行政学院学报,2010(2).
[95] 张荣春.论饮食文化在旅游产业中的开发[J].旅游经济,2012(4).
[96] 王京法,杨滨,孙志强,马丽萍.非主流菜系餐饮企业的SWOT分析及战略选择——兼论滇菜发展[J].扬州大学烹饪学报,2013(3).

(二)学位论文

[1] 辛欣.文化产业与旅游产业融合研究:机理、路径与模式——以开封为例[D].开封:河南大学,2013.
[2] 王美.四川餐饮产业竞争力研究[D].成都:西南财经大学,2012.
[3] 胡金星:产业融合的内在机制研究——基于自组织理论的视角[D].上海:复旦大学,2007.
[4] 赵磊.旅游产业与文化产业融合发展研究[D].合肥:安徽大学,2012.
[5] 宋婕.产业融合对产业结构升级的影响研究——以四川省为例[D].西南政法大学,2011.
[6] 拜珊珊.开封美食旅游开发研究[D].开封:河南大学,2014.

[7] 张若阳.我国旅游综合体发展模式研究[D].济南:山东大学,2012:35.
[8] 胡一昊.宁波饮食文化研究[D].宁波:宁波大学,2011.
[9] 李萌.基于文化创意视角的上海文化旅游研究[D].上海:复旦大学,2011.
[10] 龚宁.基于资源整合的文化旅游产业发展战略研究[D].成都:四川师范大学,2012.
[11] 侯兵.南京都市圈文化旅游空间整合研究[D].南京:南京师范大学,2011.
[12] 辛欣.文化产业与旅游产业融合研究:机理、路径与模式[D].开封:河南大学,2013.
[13] 张津.文化旅游资源的开发研究——以天津海河沿岸为例[D].天津:天津财经大学,2011.
[14] 刘雪婷.中国旅游产业融合发展机制理论及其应用研究[D].成都:西南财经大学,2011.
[15] 朱海燕.旅游产业融合模式研究[D].西安:西北大学,2014.
[16] 魏红妮.产业融合理论下的旅游文化产业业态模式研究[D].西安:西安外国语大学,2013.
[17] 宋婕.产业融合对产业结构升级的影响研究——以四川省为例[D].重庆:西南政法大学,2011.
[18] 杜陈猛.重庆美食旅游资源开发研究[D].重庆:重庆师范大学,2012.
[19] 熊姝闻.成都饮食文化资源的旅游开发[D].济南:山东大学,2011.
[20] 蒋英.川西各民族饮食文化研究[D].北京:中央民族大学,2010.
[21] 刘朴兵.唐宋饮食文化比较研究——以中原地区为考察中心[D].武汉:华中师范大学,2007.
[22] 牛洪霞.基于游客感知视角的美食旅游研究——以沙县小吃美食旅游开发为例[D].福州:福建师范大学,2012.
[23] 朱佳.旅游产业与文化产业融合环境中的政府角色定位分析[D].上海:上海师范大学,2012.

(三)著作

[1] 冯翔.欧洲旅游:关于产业发展及组织管理的全新研究[M].北京:中国

旅游出版社,2009.
[2] 张国洪. 中国文化旅游:理论. 战略. 实践[M]. 天津:南开大学出版社,2001.
[3] 芮明杰. 产业经济学[M]. 上海:上海财经大学出版社,2005.
[4] 厉无畏. 创意产业导论[M]. 上海:学林出版社,2006.
[5] 吴澎. 中国饮食文化[M]. 北京:化学工业出版社,2013.
[6] 周振华. 信息化与产业融合[M]. 上海:上海人民出版社,2003.
[7] 马建. 产业融合论[M]. 南京:南京大学出版社,2006.
[8] 张磊:产业融合与互联网管制[M]. 上海:上海财经大学出版社,2001.
[9] 蔡克骄. 瓯越文化史[M]. 2 版. 北京:作家出版社,2002.
[10] 赵荣光,谢定源. 饮食文化概论[M]. 北京:中国轻工业出版社,2000.
[11] 叶国光. 温州菜及典故[M]. 北京:中国民族摄影艺术出版社,2014.
[12] 金凡平,方立明. 温州文化存在的记忆[M]. 北京:人民出版社,2013.
[13] 吴东来. 说瓯[M]. 北京:中国对外翻译出版有限公司,2011.
[14] 李美云. 服务业的产业融合与发展[M]. 北京:经济科学出版社,2007.

(四)报纸文章

[1] 李太光,张文建. 旅游产业转型升级中的业态创新[N]. 中国旅游报,2008-06-18.
[2] "杭帮菜"——杭州的一张"金名片"[N]. 人民日报海外版,2009-10-29.
[3] 解密杭帮美食风潮云涌,品位一座城"以食为媒"的魅力篇章[N]. 杭州日报,2014-11-19.
[4] 改革让中国道路越走越宽广——三论协调推进"四个全面"[N]. 人民日报,2015-2-27.

(五)政府文件

[1] 温州市政府研究室. 台湾发展夜市经济的启示与借鉴[R]. 2014.
[2] 温州市政府研究室. 把旅游作为提振温州消费的突破口[R]. 2013.
[3] 温州市政府研究室. 从旅行社的角度看温州旅游的叫好不叫座[R]. 2013.
[4] 温州市政府研究室. 辅导传统商业街区更新 提振繁荣消费经济[R]. 2014.
[5] 温州市政府研究室. 开发区要成为温州吸引外资的主阵地[R]. 2014.

附　　录

关于瓯菜及瓯菜文化的调查问卷（本地居民版）

尊敬的朋友：

您好！瓯菜是温州特色饮食，是温州的文化符号。研究瓯菜及其文化，既是温州文化软实力和文化旅游产业发展的大文章，也是温州经济社会发展有力的推动力量。为了更好地振兴瓯菜、挖掘瓯菜文化、提升温州文化软实力，恳请您能抽出宝贵的时间，帮助我们完成这份问卷。本问卷的填答采取匿名方式，所获资料只为课题研究之用，请根据自己的实际情况放心填答。如给您带来不便之处，敬请原谅。

1. 您知道瓯菜吗？（　　）

A. 知道　　B. 不知道（如选择此项，结束问卷填写）

2. 瓯菜口味适合您吗？（　　）

A. 适合　　B. 不适合

3. 您吃过瓯菜中的哪些菜？（可多选）（　　）

A. 炸熘黄鱼　B. 双味蝤蠓　C. 蒜子鱼皮　D. 三丝敲鱼

E. 芙蓉鱼片　F. 温州鱼圆　G. 清蒸子梅　H. 其他________

4. 您觉得吃瓯菜是一种文化享受吗？（　　）

A. 有，觉得瓯菜蕴含丰富的文化

B. 没有，至少目前觉得没有文化内涵

5. 您一个月下馆子吃瓯菜的频率是多久？（　　）

A. 从不　B. 1—2 次　C. 3—5 次　D. 6 次以上

6. 您喜欢的口味(可多选)　(　)

A. 偏咸　B. 偏酸　C. 偏甜　D. 清淡　E. 偏辣

7. 您觉得瓯菜需要创新、与时俱进吗?　(　)

A. 需要　B. 不需要,保持原色

8. 您觉得瓯菜有哪些需要改良的地方(可多选)　(　)

A. 刀工　B. 口味　C. 形状　D. 配饰　E. 器皿

9. 您觉得瓯菜最大的特色是什么?　(　)

A. 海鲜食材　B. 烹饪技术　C. 口味清淡　D. 刀工讲究

10. 您对"瓯菜"开发有什么建议?(可多选)　(　)

A. 口味太过清淡,需改良

B. 文化内涵未被开发,需要进一步挖掘

C. 档次还不够,需要提升品位

D. 原材料不正宗,需进一步提高性价比

E. 加大宣传,提升知名度

F. 加强保护烹饪技艺的传承

G. 品牌建设不足,应该注册商标、申请专利

关于瓯菜及瓯菜文化的调查问卷（外地游客版）

尊敬的朋友：

您好！瓯菜是温州特色饮食，是温州的文化符号。研究瓯菜及其文化，既是温州文化软实力和文化旅游产业发展的大文章，也是温州经济社会发展强有力的推动力量。为了更好地振兴瓯菜、挖掘瓯菜文化、提升温州文化软实力，恳请您能抽出宝贵的时间，帮助我们完成这份问卷。本问卷的填答采取匿名方式，所获资料只为课题研究之用，请根据自己的实际情况放心填答。如给您带来不便之处，敬请原谅。

1. 您知道瓯菜吗？　（　　）

A. 知道　　B. 不知道（如选择此项，结束问卷填写）

2. 您之前吃过瓯菜吗？　（　　）

A. 吃过　　B. 没吃过

3. 您在温州旅游过程中有没有安排吃温州特色菜？　（　　）

A. 有，觉得有特色

B. 有，但不适合我的口味

C. 没有

4. 您吃过瓯菜中的哪些菜？（可多选）　（　　）

A. 炸熘黄鱼　B. 双味蝤蠓　C. 蒜子鱼皮　D. 三丝敲鱼

E. 芙蓉鱼片　F. 温州鱼圆　G. 清蒸子梅　H. 其他

5. 您觉得吃瓯菜是一种文化享受吗？　（　　）

A. 是，觉得瓯菜蕴含丰富的文化

B. 不是，至少目前觉得没有文化内涵

6. 瓯菜美食作为旅游资源，您觉得它在您温州旅游中重要吗？　（　　）

A. 重要，美食是旅游的必备品

B. 可有可无，无所谓

7. 瓯菜美食作为旅游资源，您觉得它的开发现状如何？　（　　）

A. 很好，已经发挥了很大的作用了

B. 一般，开发得不全面

C. 根本还处于没有开发的状态

8. 令您印象最深刻的瓯菜是什么？（如果您不知道菜名，请大致描述一下食材、做法、颜色、形状）

9. 依您对浙菜的了解，请为浙菜四大菜系（A. 杭帮菜　B. 绍兴菜　C. 宁波菜　D. 瓯菜）的知名度排序：________________

10. 您对瓯菜开发有什么建议？（可多选）（　　）

A. 口味太过清淡，需改良

B. 文化内涵未被开发，需要进一步挖掘

C. 档次还不够，需要提升品位

D. 原材料不正宗，性价比差

E. 加大宣传，提升知名度

F. 加强保护烹饪技艺的传承

G. 品牌建设不足，应该注册商标、申请专利

11. 您见过哪种形式的瓯菜宣传活动？________________

关于瓯菜及瓯菜文化的调查问卷（瓯菜厨师）

尊敬的厨师朋友：

您好！瓯菜是温州特色饮食，是温州的文化符号。研究瓯菜及其文化，既是温州文化软实力和文化旅游产业发展的大文章，也是温州经济社会发展强有力的推动力量。为了更好地振兴瓯菜、挖掘瓯菜文化、提升温州文化软实力，恳请您能抽出宝贵的时间，帮助我们完成这份问卷。本问卷的填答采取匿名方式，所获资料只为课题研究之用，请根据自己的实际情况放心填答。如给您带来不便之处，敬请原谅。

1. 您的年龄　（　　）

A. 18—30 周岁　B. 31—45 周岁

C. 46—60 周岁　D. 60 周岁以上

2. 您是温州本地人（温州市行政区域内）吗？　（　　）

A. 是

B. 不是，但在温工作 3 年以上

C. 不是，在温工作不足 3 年

3. 您现在的职业资格证书等级　（　　）

A. 初级　B. 中级　C. 高级　D. 技师　E. 高级技师

4. 您对工作现状满意吗？　（　　）

A. 满意　B. 不满意

5. 您现在制作“瓯菜”的烹饪技术娴熟吗？　（　　）

A. 娴熟，以此为谋生手段

B. 偶尔做做，但算不上技艺精湛

C. 基本用不上，顾客不吃瓯菜

D. 不会，根本没有学过

6. 您觉得瓯菜制作与其他菜系相比，什么技术最重要？　（　　）

A. 摆盘技术，型要好　B. 刀工技术

C. 调料调配技术　D. 候火控制技术

7. 您参加过“瓯菜”烹饪技术评比活动吗？　（　　）

A. 参与过,获奖了

B. 参加过,竞争太激烈了,没有获奖

C. 没有参加过,因为没有这类比赛

D. 没有参加过,因为没有资格参加

8. 您有参加过系统的瓯菜制作技艺培训吗? (　　)

A. 没有,师带徒形式跟师傅学的

B. 没有,靠自己摸索

C. 有,但是都是短期培训

D. 有,学习三年以上,科班出身

9. 您觉得现今环境下,瓯菜烹饪技艺需要保护吗? (　　)

A. 需要,现今愿意当厨师的人越来越少

B. 不需要,有专门的培训学校,能批量培训

C. 无所谓

10. 您对瓯菜开发有什么建议?(可多选) (　　)

A. 口味太过清淡,需改良

B. 文化内涵未被开发,需要进一步挖掘

C. 档次还不够,需要提升品位

D. 原材料不正宗,性价比差

E. 加大宣传,提升知名度

F. 加强保护烹饪技艺的传承

G. 品牌建设不足,应该注册商标、申请专利

关于瓯菜及瓯菜文化的调查问卷（瓯菜企业）

尊敬的企业负责人：

您好！瓯菜是温州特色饮食，是温州的文化符号。研究瓯菜及其文化，既是温州文化软实力和文化旅游产业发展的大文章，也是温州经济社会发展强有力的推动力量。为了更好地振兴瓯菜、挖掘瓯菜文化、提升温州文化软实力，恳请您能抽出宝贵的时间，帮助我们完成这份问卷。本问卷的填答采取匿名方式，所获资料只为课题研究之用，请根据自己的实际情况放心填答。如给您带来不便之处，敬请原谅。

1. 您的企业名称________，属于哪种类型？（　　）

A. 星级饭店　　B. 主题餐馆

C. 老字号小吃店　　D. 中餐快餐

2. 您的企业主要经营瓯菜吗？（　　）

A. 是　　B. 不是（如选择此项，结束问卷填写）

3. 您的企业有注册品牌吗？（　　）

A. 没有

B. 有，名称________，品牌级别________（地市级、省级、国家级）

4. 您的企业有连锁分店吗？（　　）

A. 没有（选择此项，跳到第 6 题）

B. 有，分店________家

5. 连锁经营管理模式成熟吗？（　　）

A. 成熟，经营情况良好

B. 不成熟，缺乏管理理念，需要改善

6. 您的餐饮企业经营成本最大的是哪块？（　　）

A. 人工成本　　B. 原材料成本

C. 场地租金　　D. 固定资产折旧成本

7. 顾客对您瓯菜菜品的总体评价是（　　）

A. 非常好　　B. 好　　C. 一般　　D. 差

8. 您的企业进行了哪些创新？（　　）

A. 营销与品牌创新　　B. 菜品研发创新

C. 厨师培养创新　　D. 就餐环境创新

E. 餐饮文化创新

9. 您觉得制约瓯菜发展的主要问题是　（　　）

A. 品牌太少，知名度不够

B. 文化挖掘不足，内涵欠缺

C. 人才制约

D. 原材料昂贵，获取难度大

E. 口味太清淡，不符合现代人

F. 宣传力度不足

10. 您对瓯菜开发有什么建议？（可多选）　（　　）

A. 口味太过清淡，需改良

B. 文化内涵欠缺，需要进一步挖掘

C. 档次还不够，需要提升品位

D. 原材料不正宗，性价比差

E. 加大宣传，提升知名度

F. 加强保护烹饪技艺的传承

G. 品牌建设不足，应该注册商标、申请专利

11. 您的企业瓯菜中销售最好的菜品是＿＿＿＿＿＿＿＿＿＿＿＿＿＿＿。

12. 您的企业瓯菜人均消费是＿＿＿＿元左右。

瓯菜振兴工程调研访谈提纲

访谈时间：	访谈对象：
访谈参与人：	
准备材料：笔、纸、录音笔(是否同意录音)	
访谈内容： 1.您觉得“瓯菜”在市场上的受欢迎程度如何？ 2.您觉得“瓯菜”制作过程中什么技艺最难？ 3.您的企业有注册品牌吗？品牌是什么级别的？ 4.瓯菜经营过程中，什么问题最难解决？ 5.瓯菜厨师招工难吗？为什么？ 6.您的企业有进行瓯菜研发吗？投入多少经费用于研发？ 7.振兴瓯菜，您有什么建议？ 8.您对瓯菜资源开发利用有什么建议？	